Asshole Adorable
Beautiful Critters with Bad Mouths

By

S.B. Nozaz

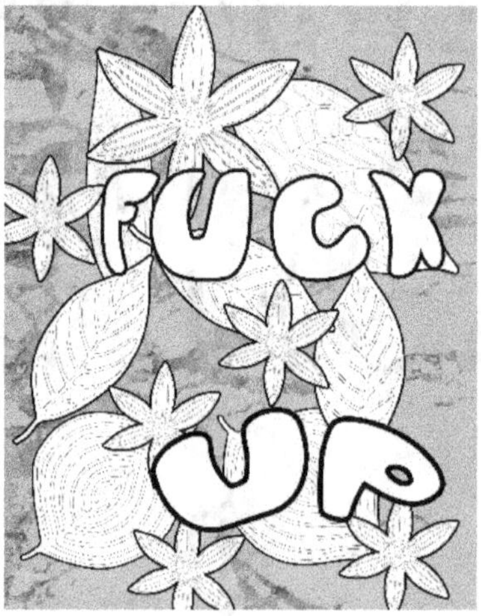

Happy Coloring!

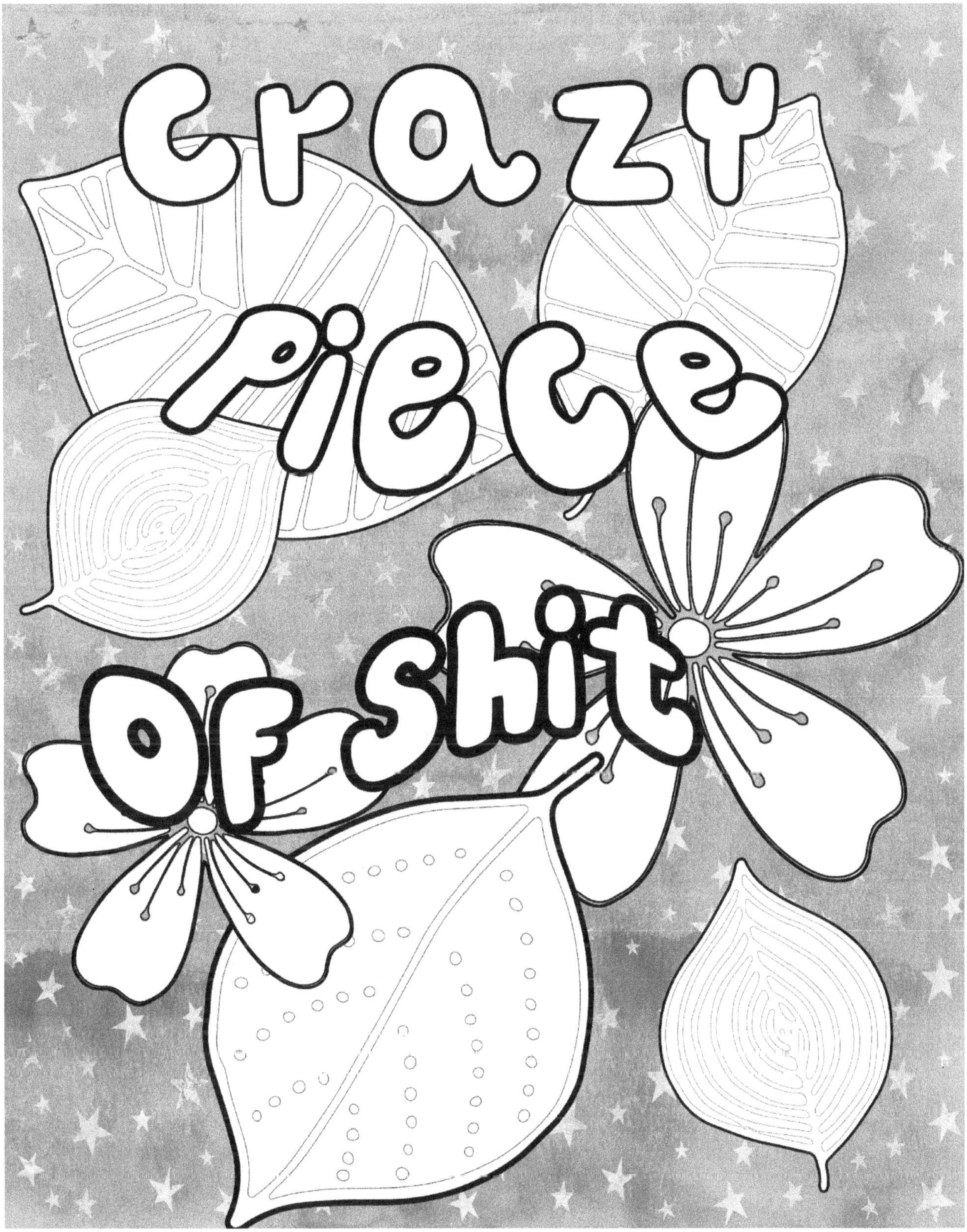
Crazy
Piece
Of Shit

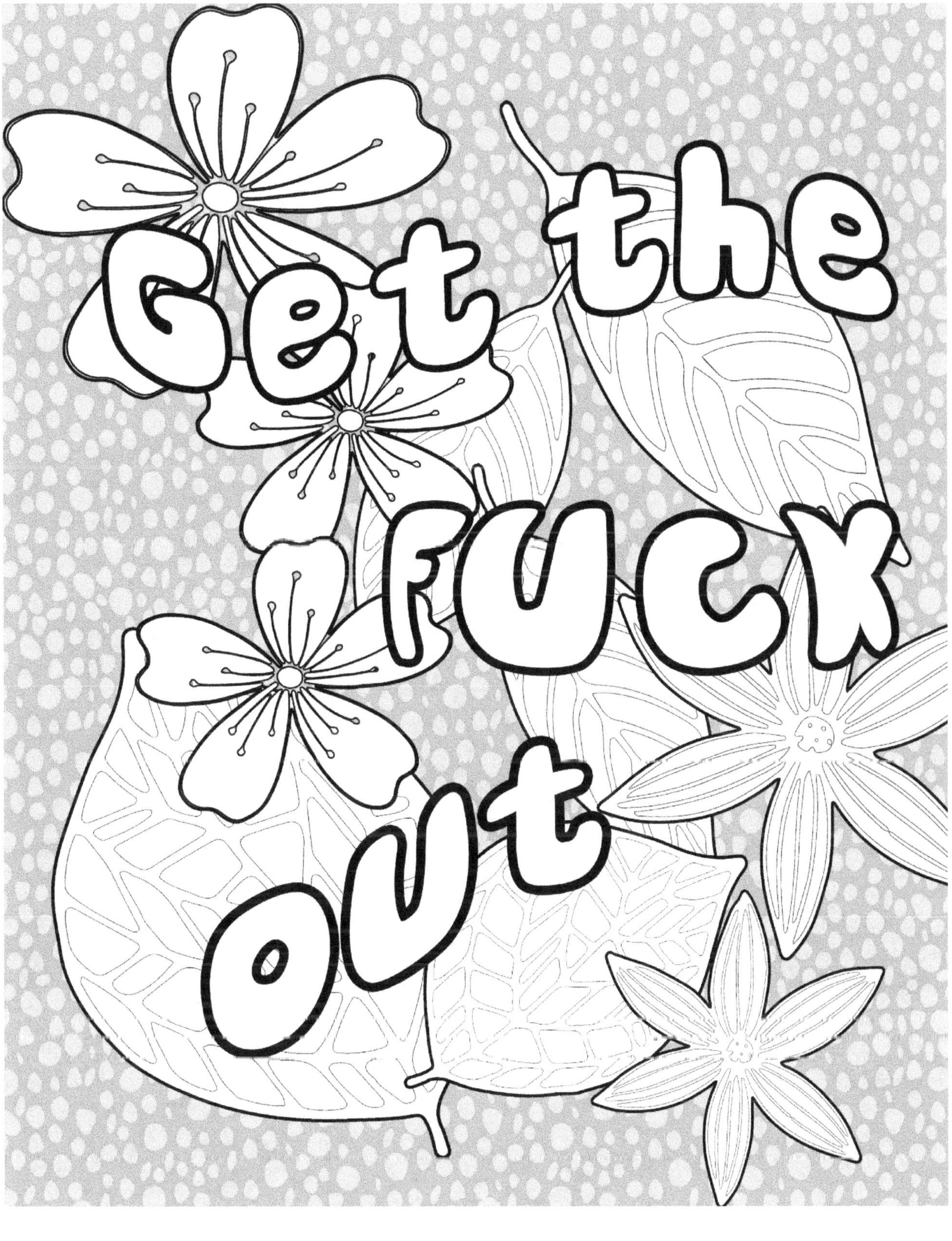
Get the
FUCK
OUT

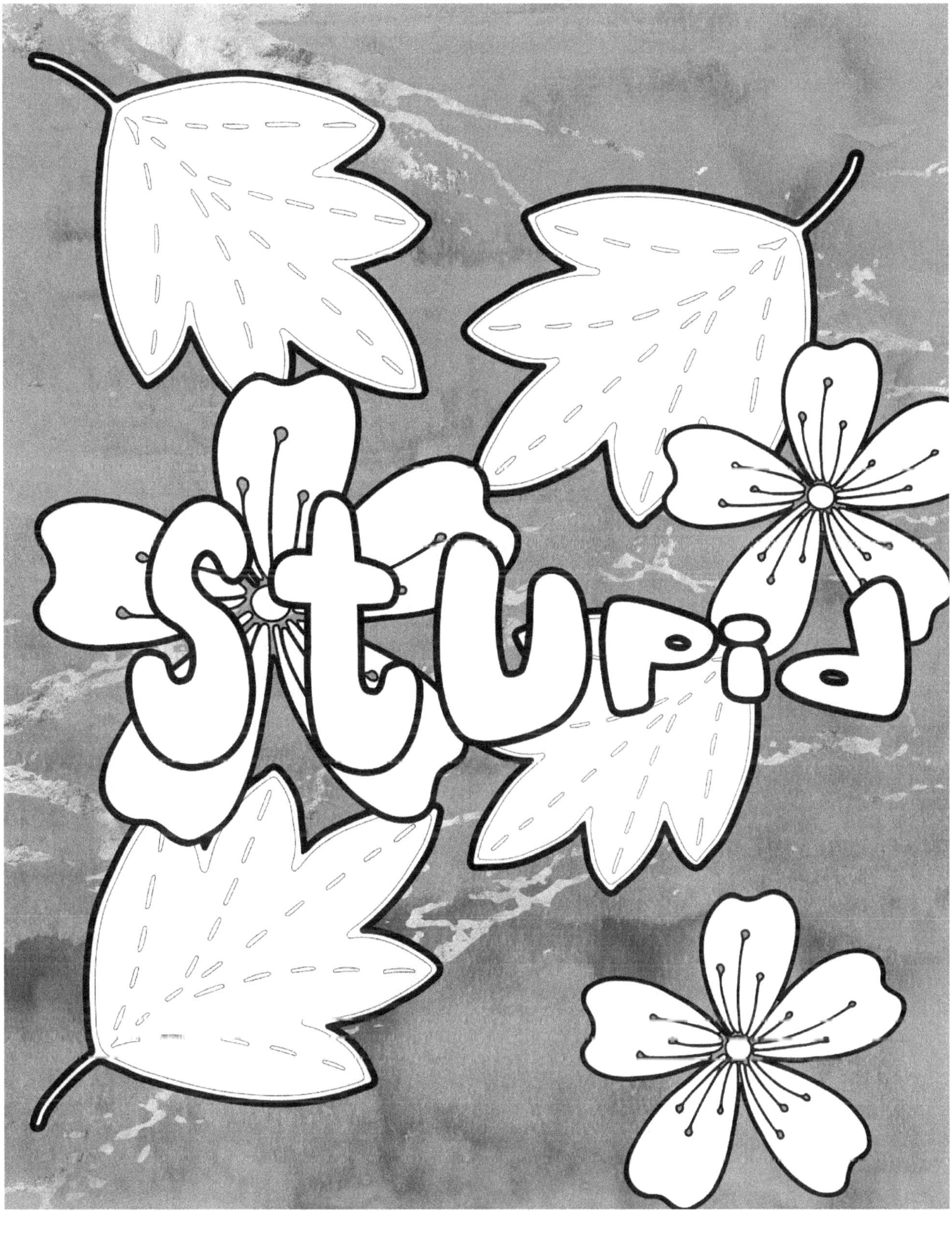
Stupid

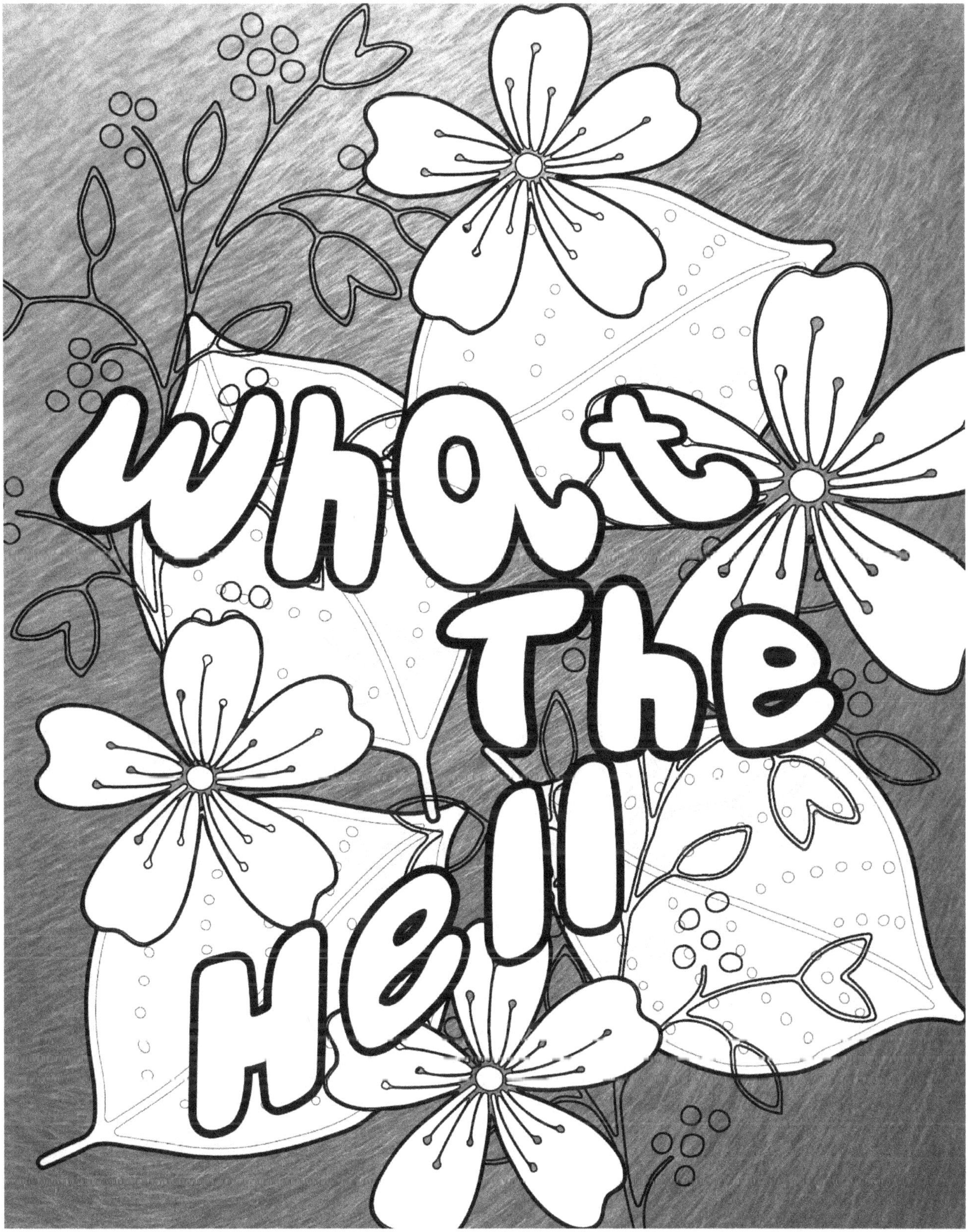
What The Hell

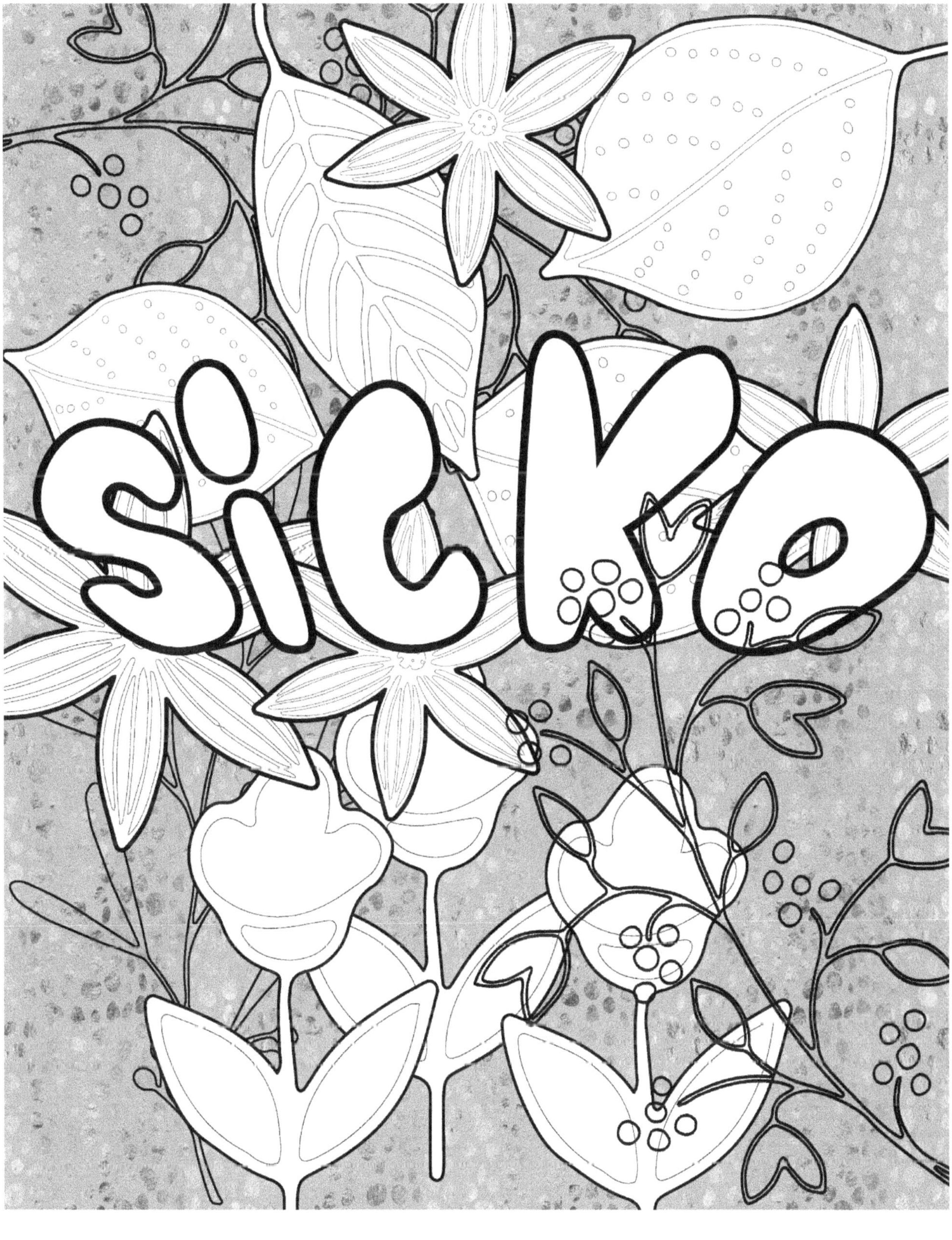
Sicko

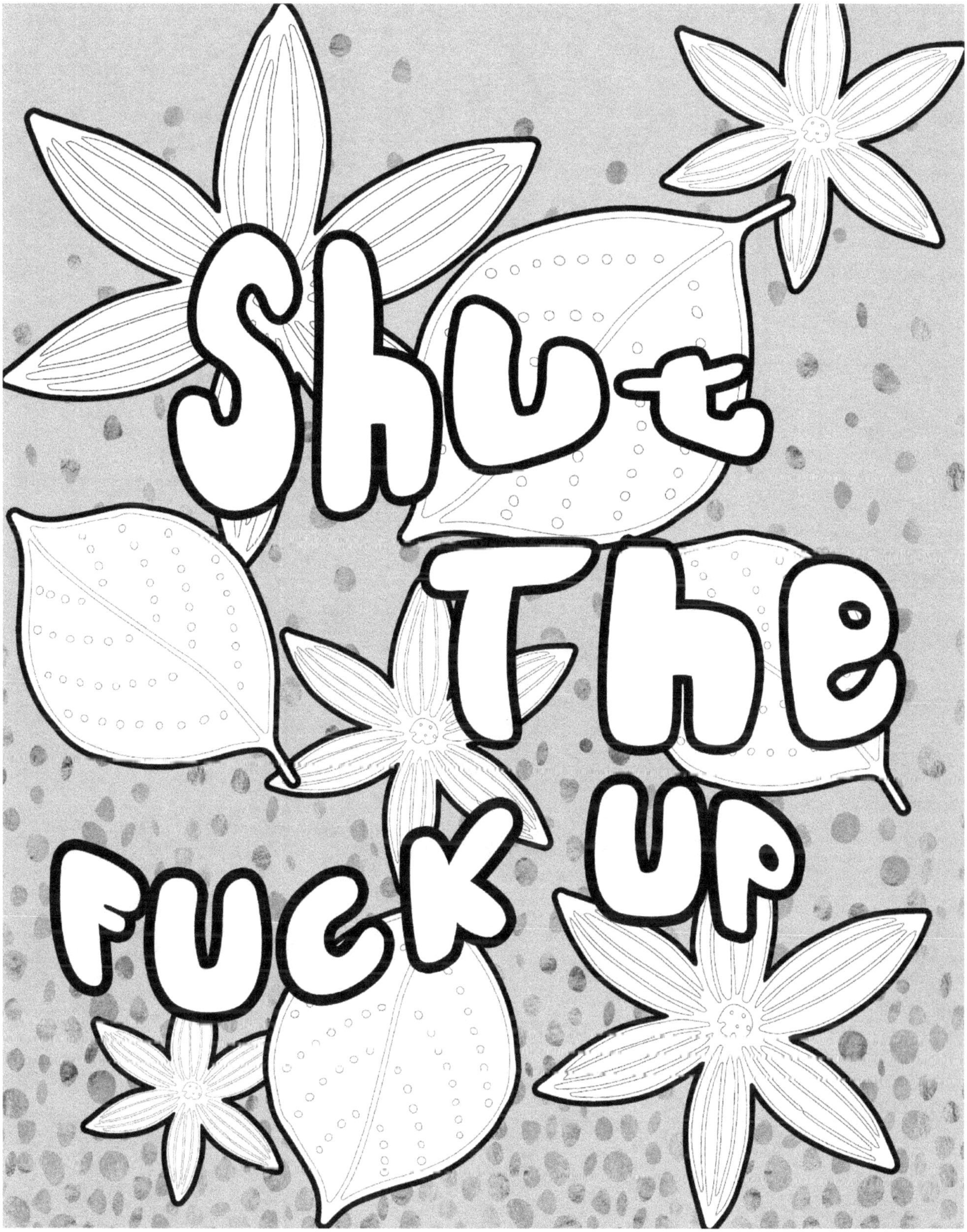
Shut
The
Fuck Up

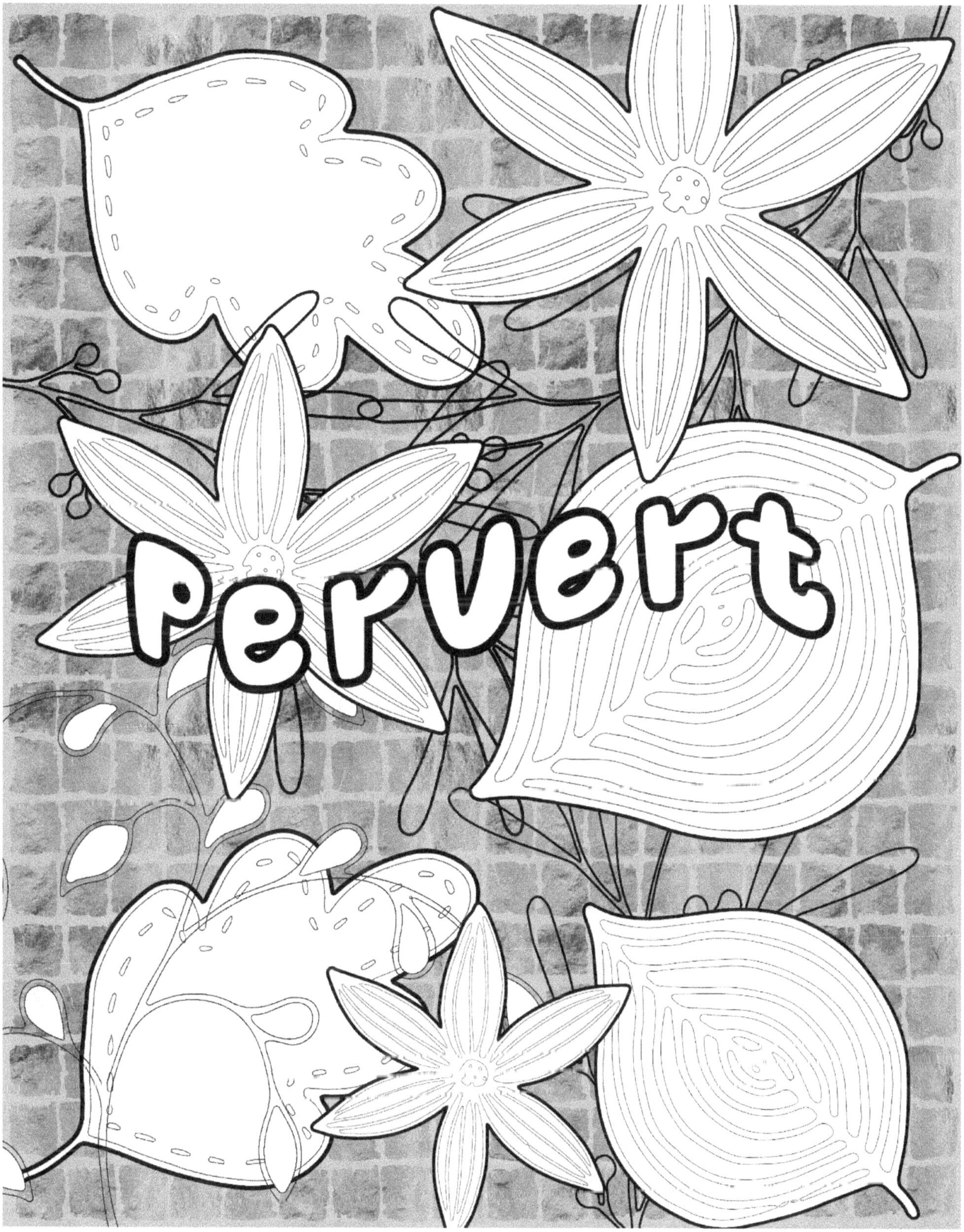
pervert

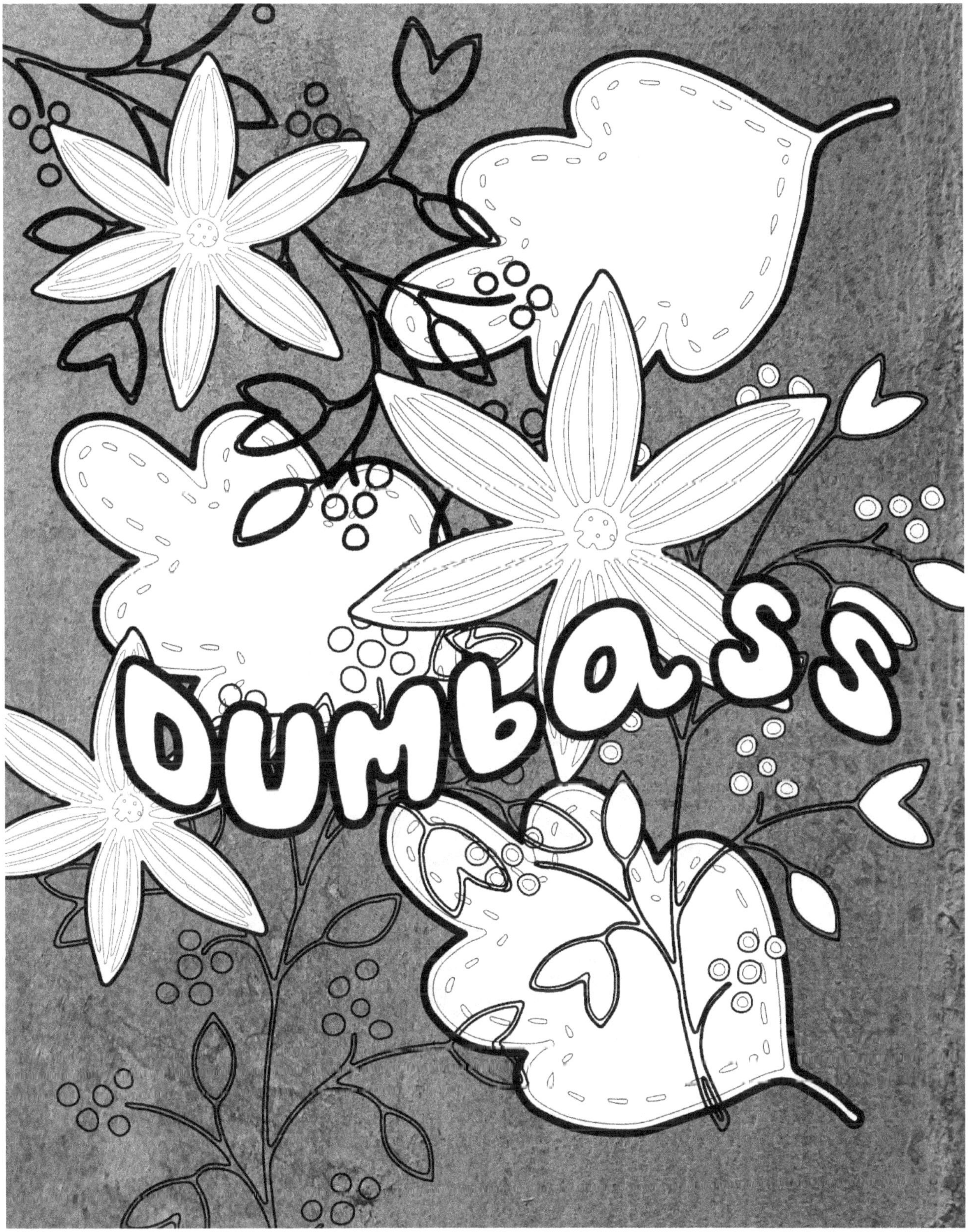
DUMBASS

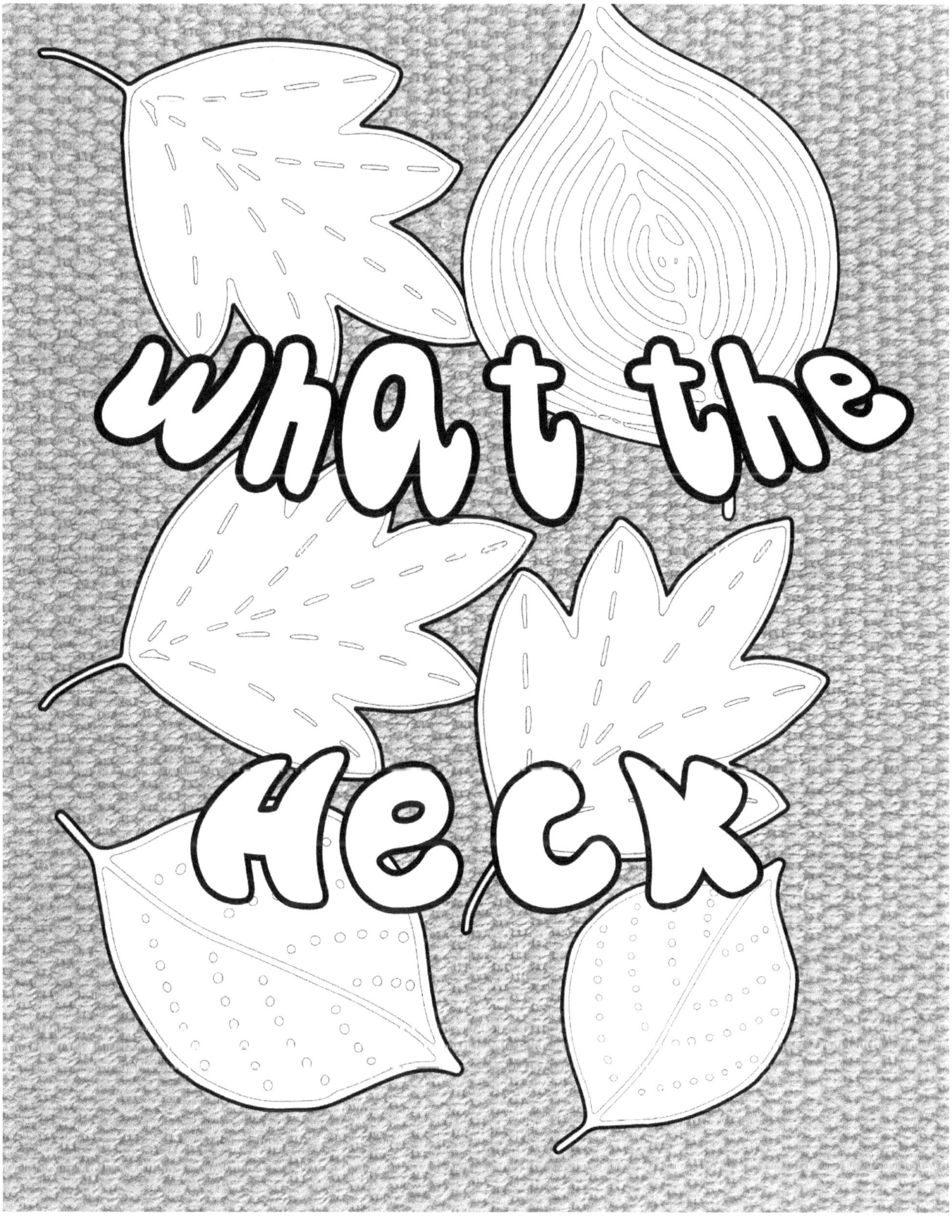
what the
heck

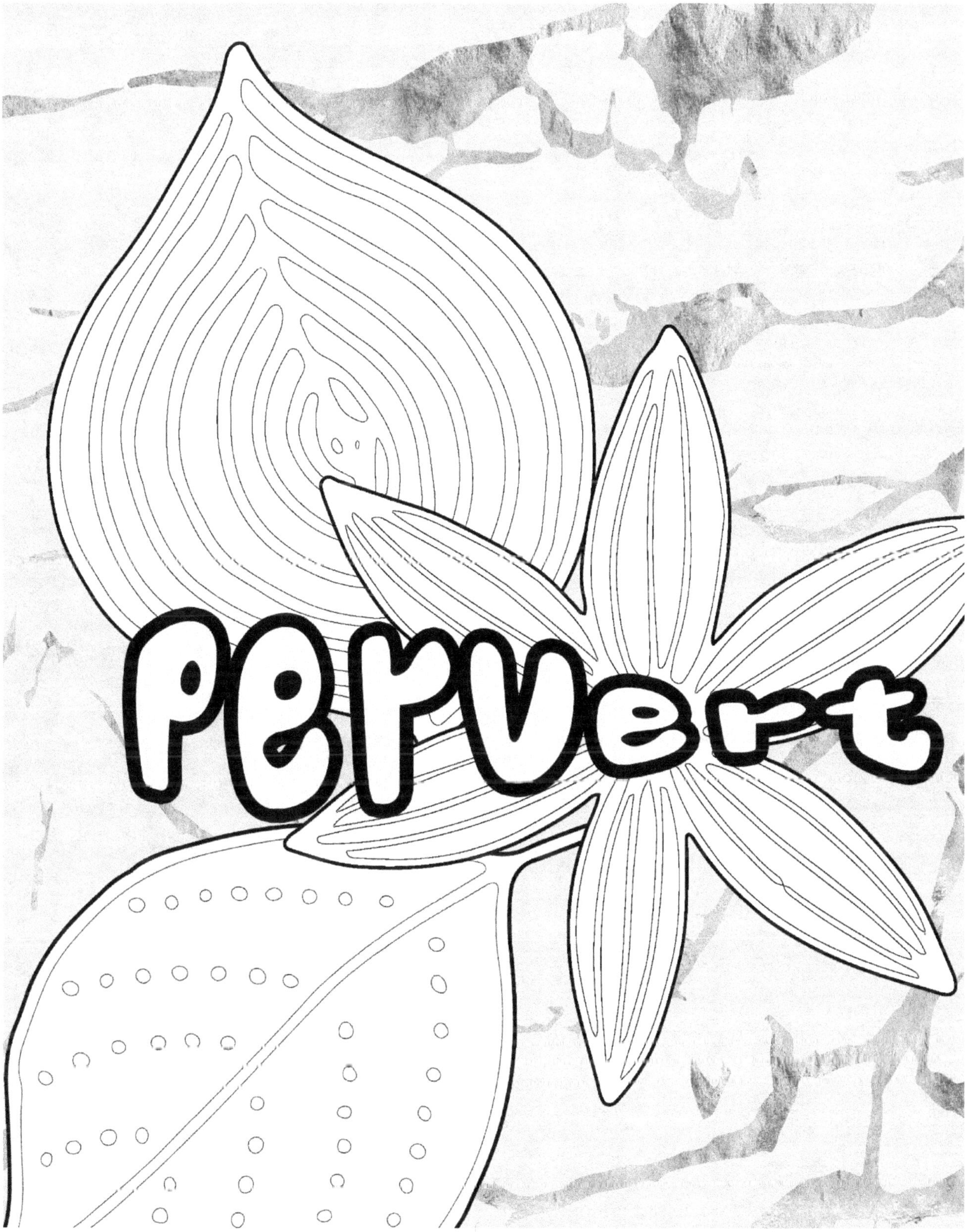
pervert

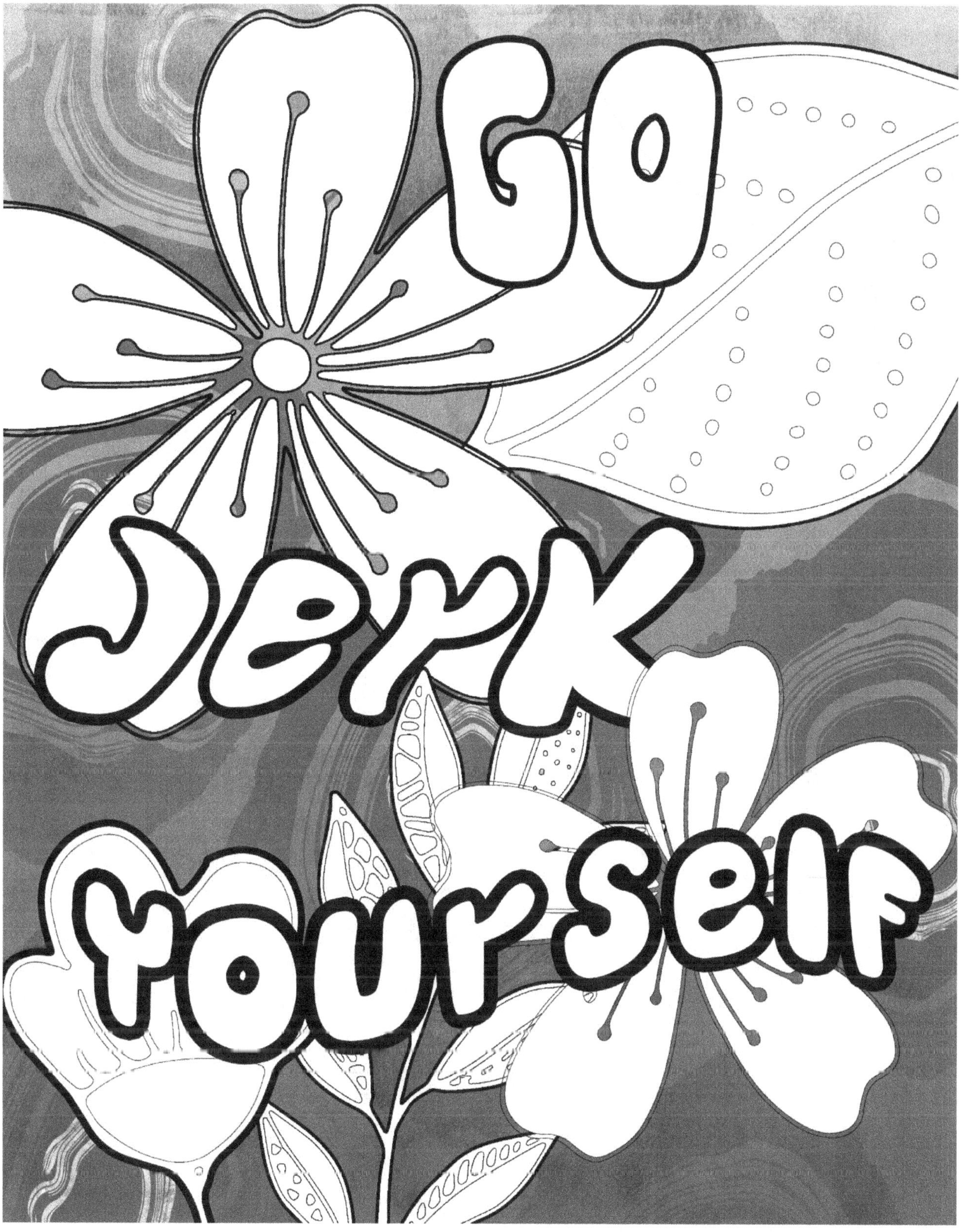
GO
Jerk
yourself

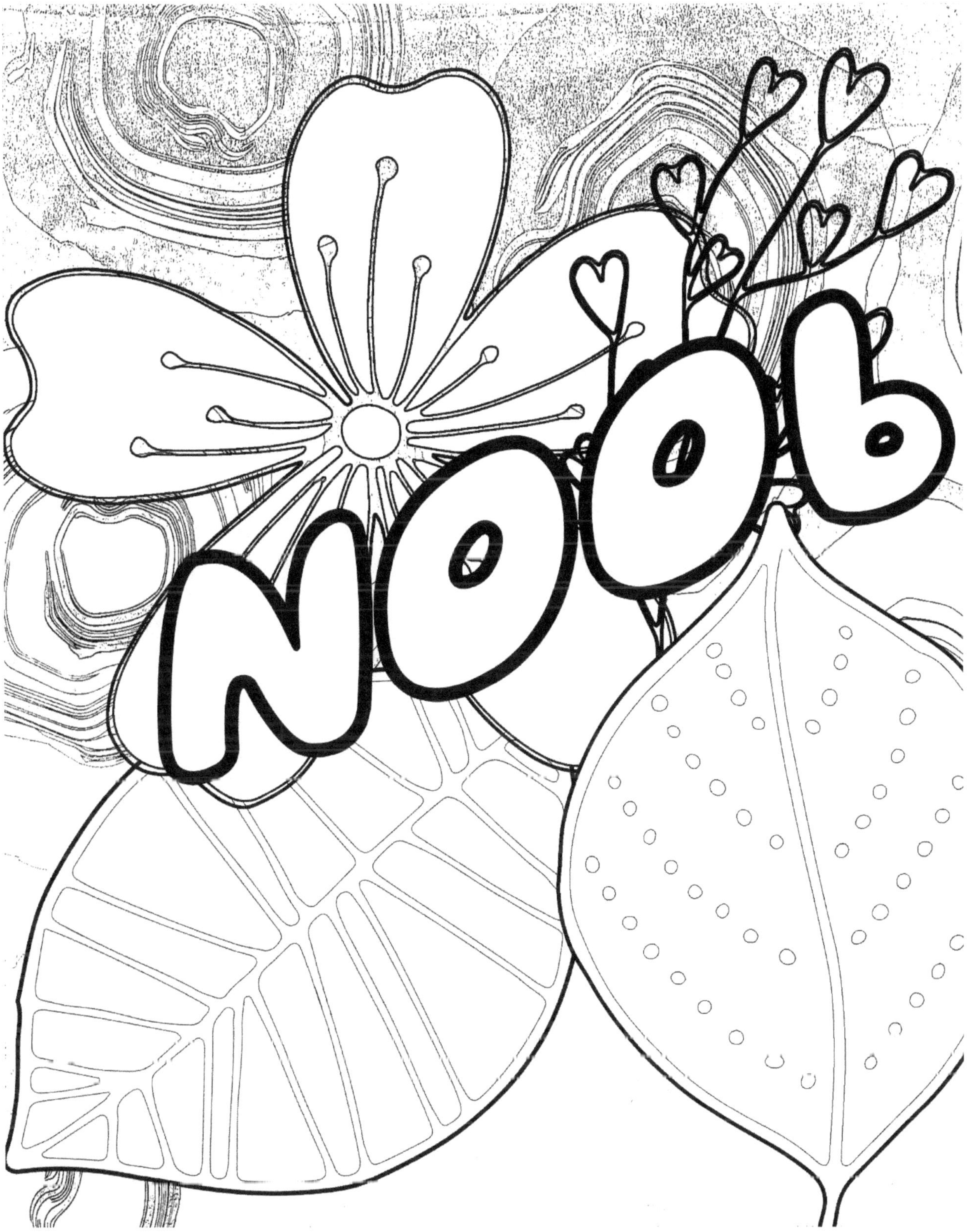
Noob

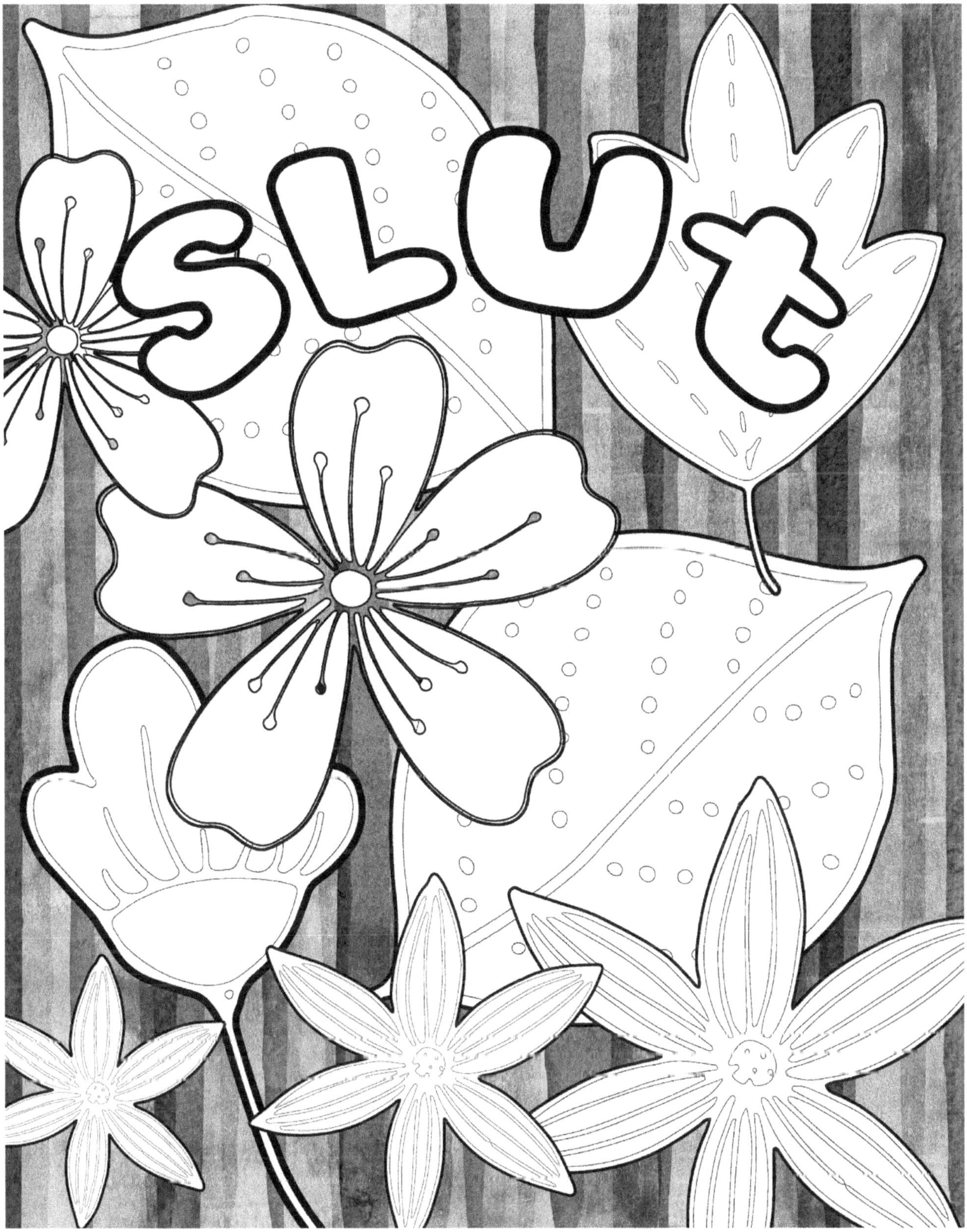
SLUt

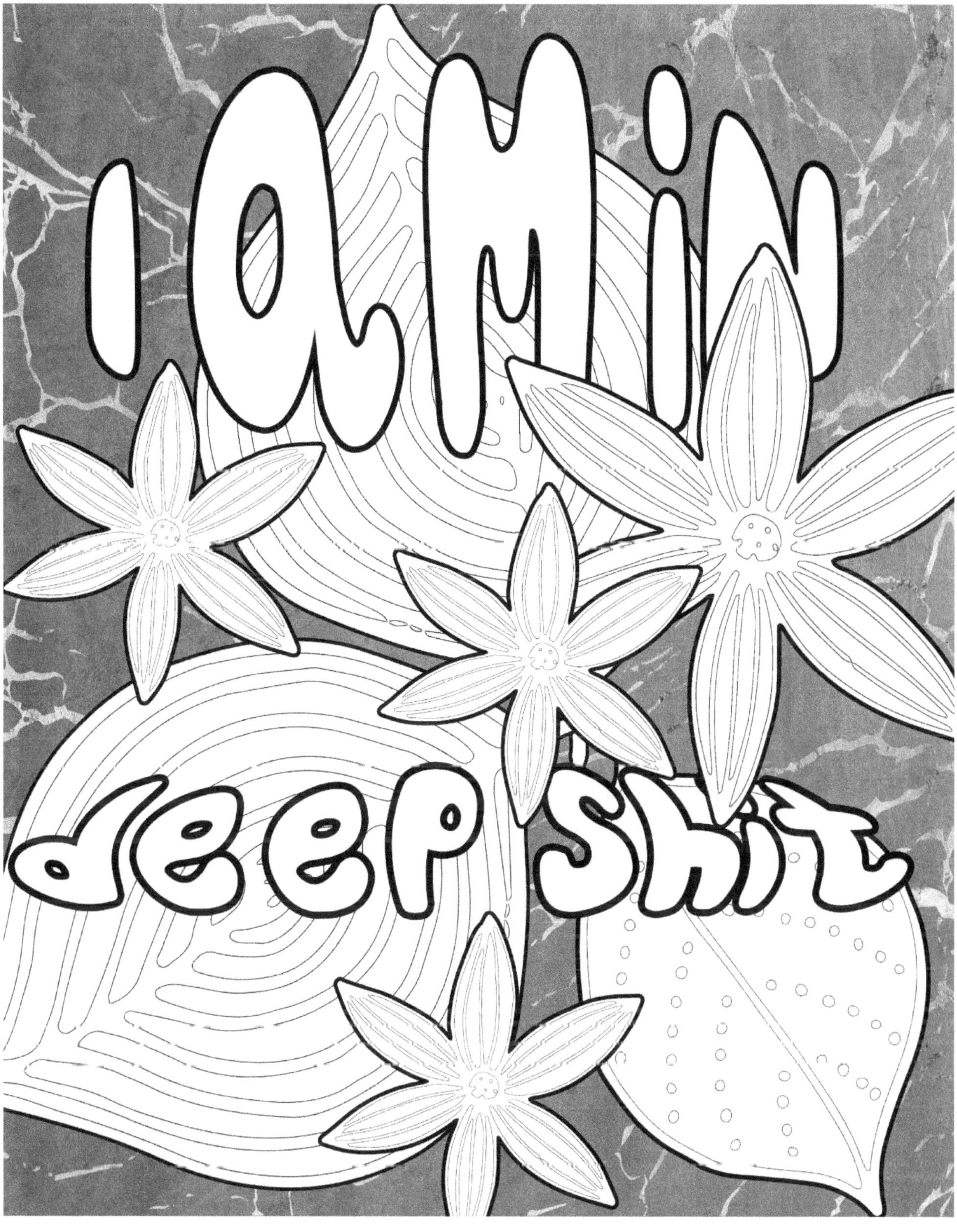

I AM IN
DEEP SHIT

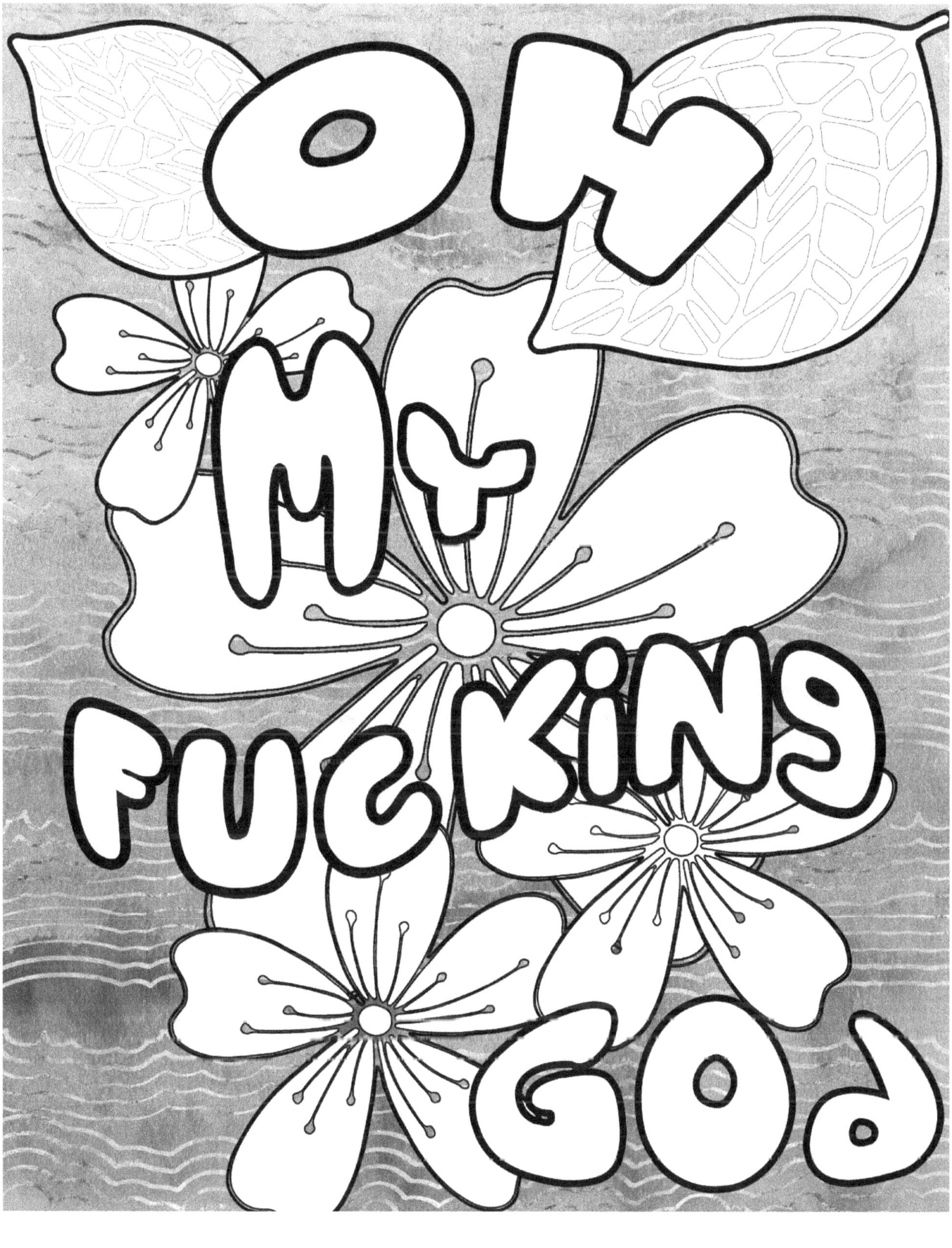
OH
MY
FUCKING
GOD

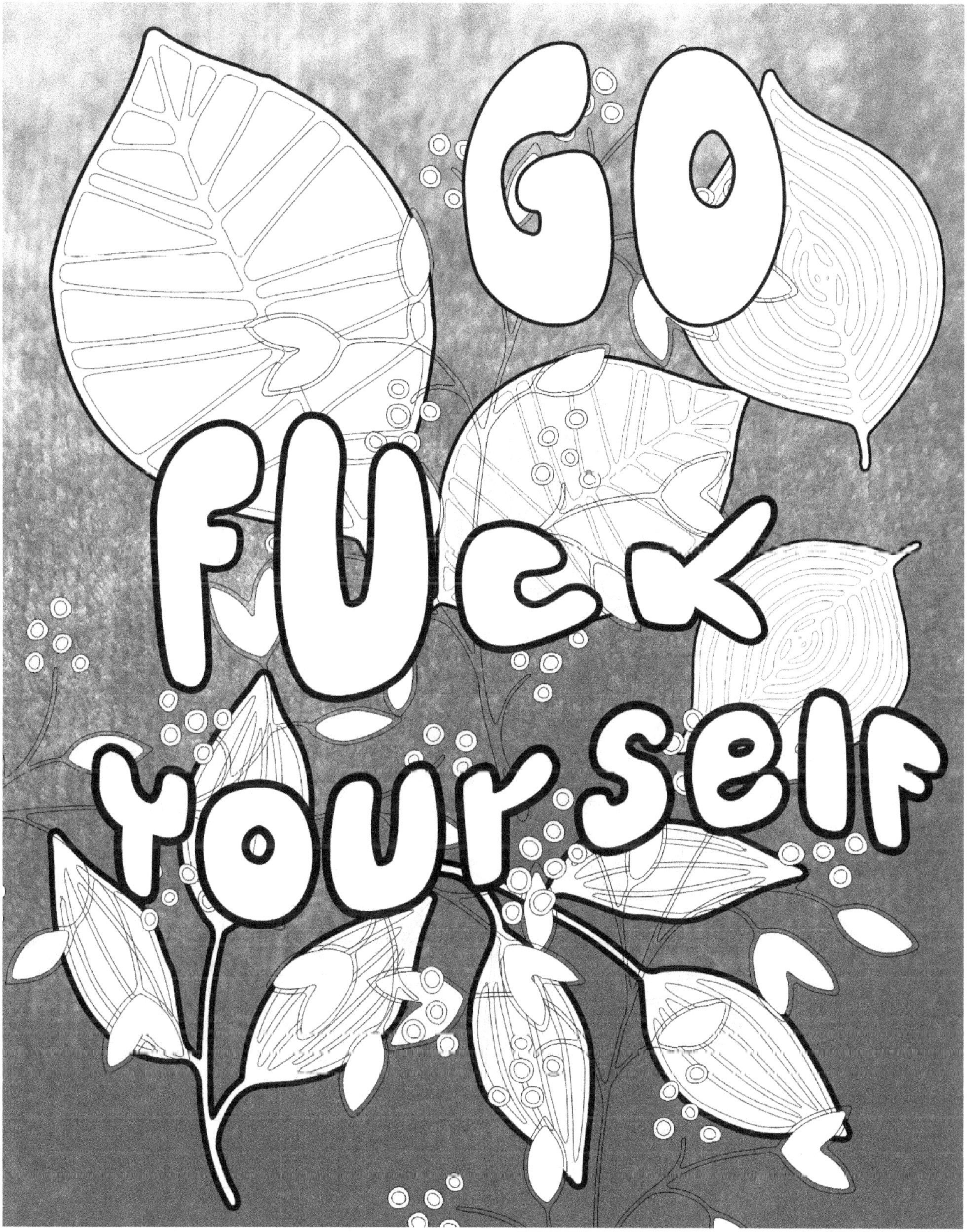
GO
FUCK
YOURSELF

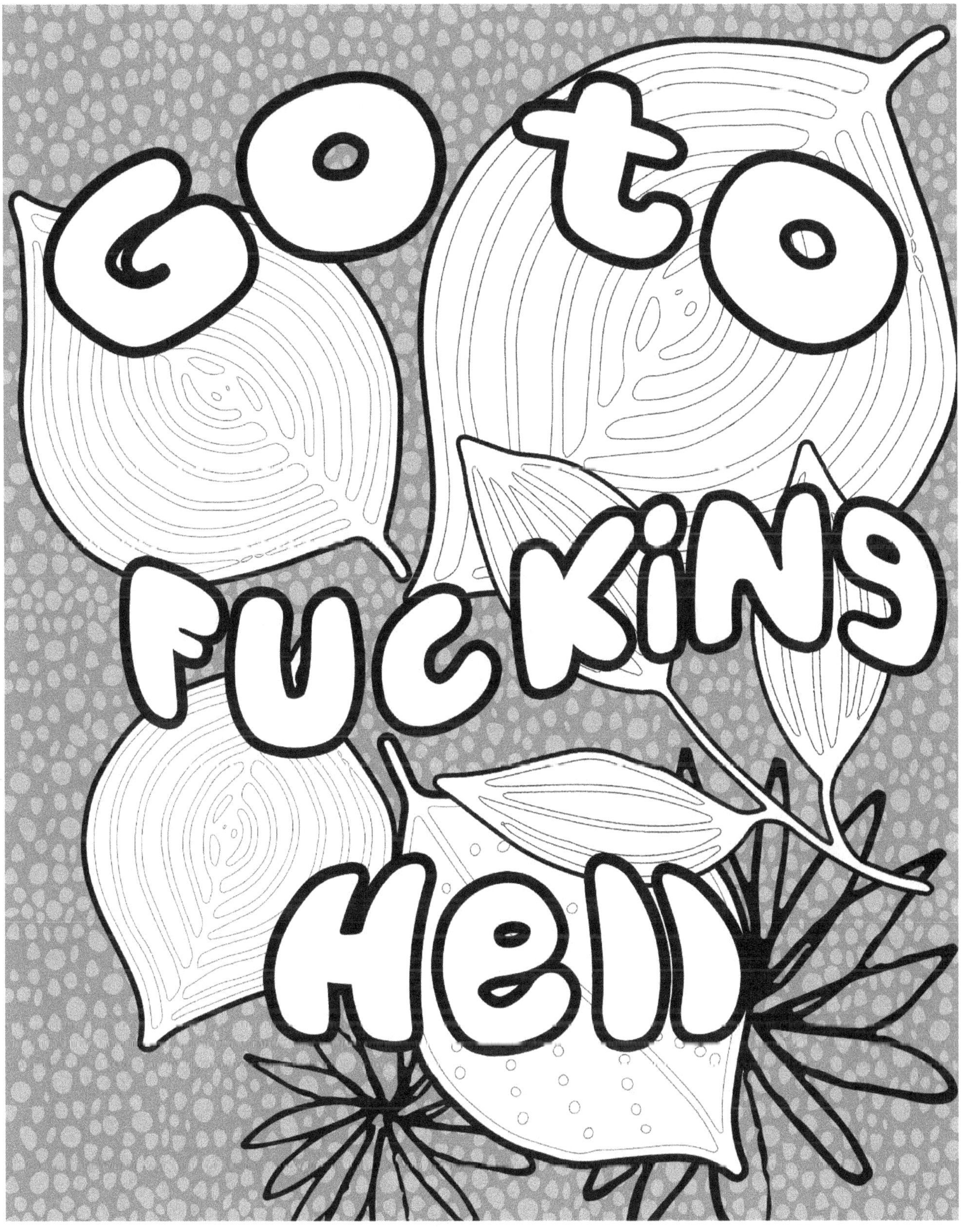
Go to
Fucking
Hell

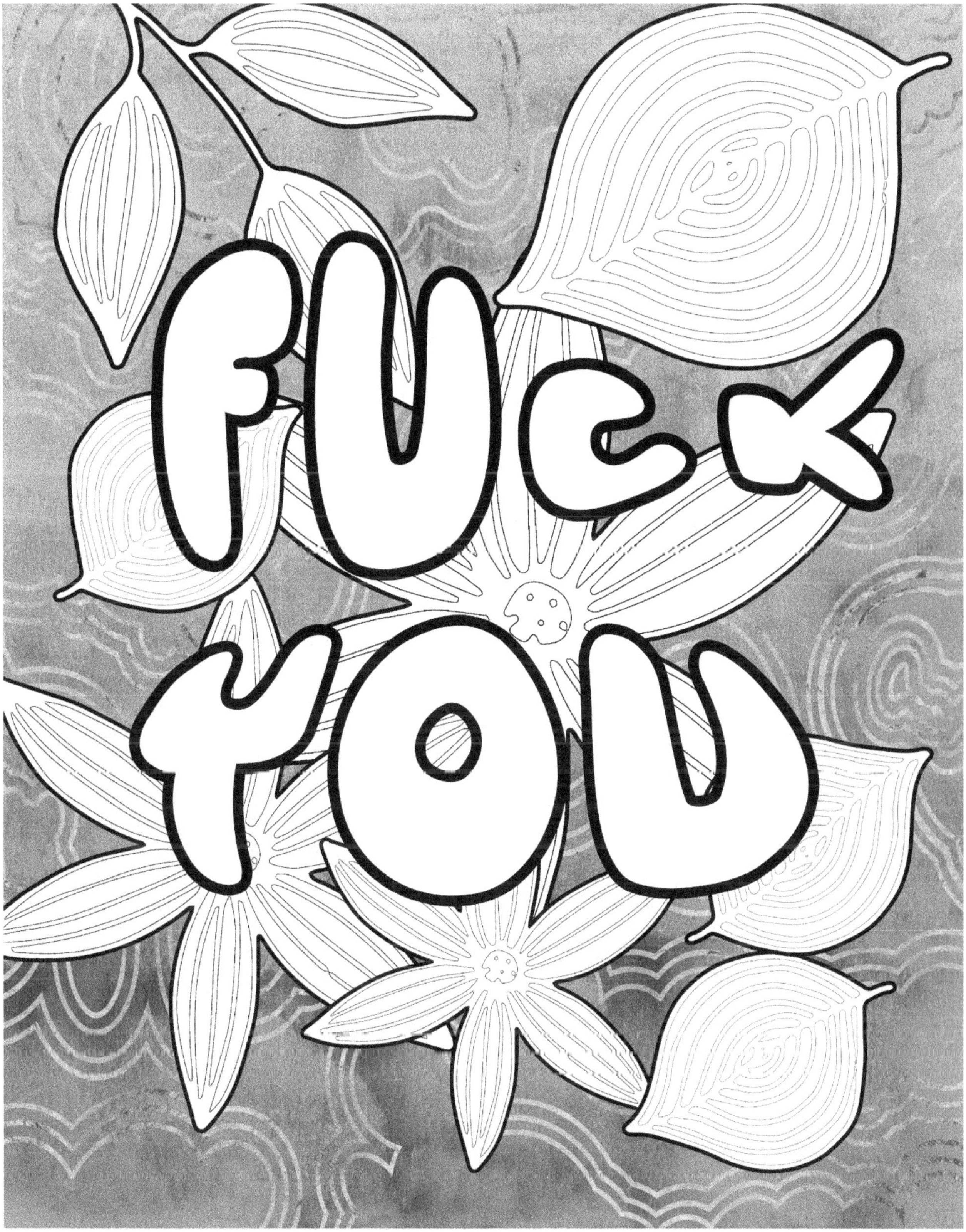
FUCK
YOU

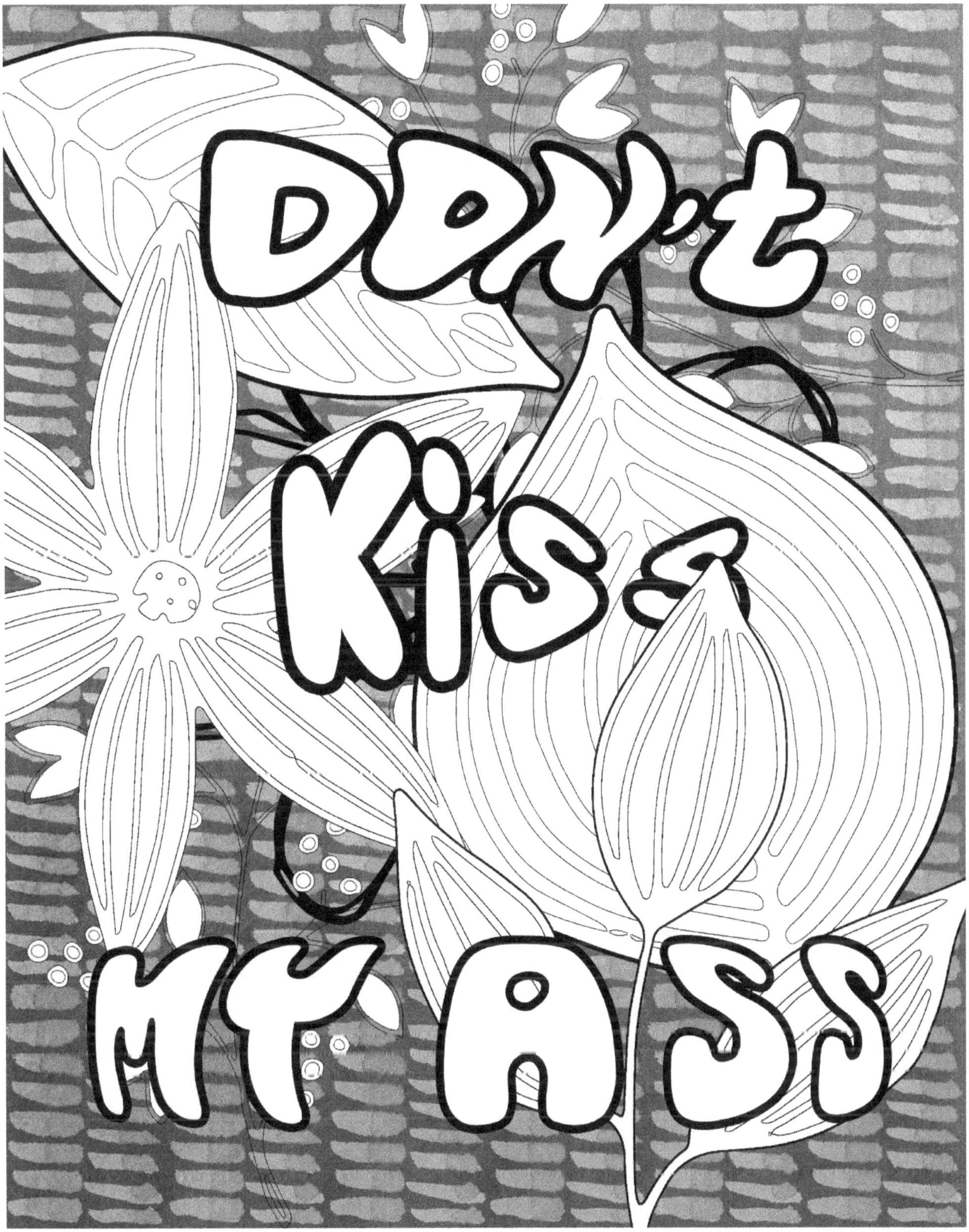
DON'T
KISS
MY ASS

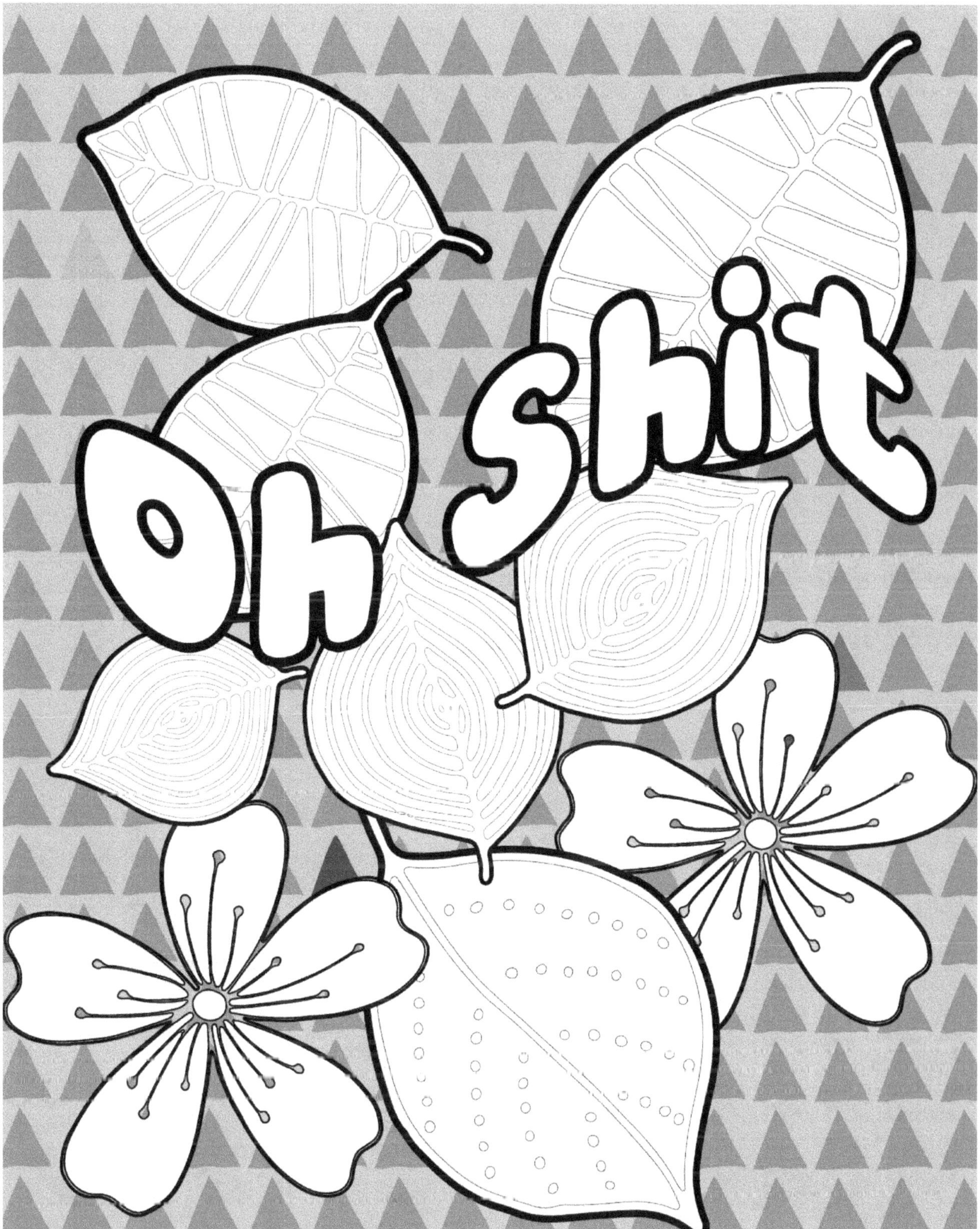
Oh Shit

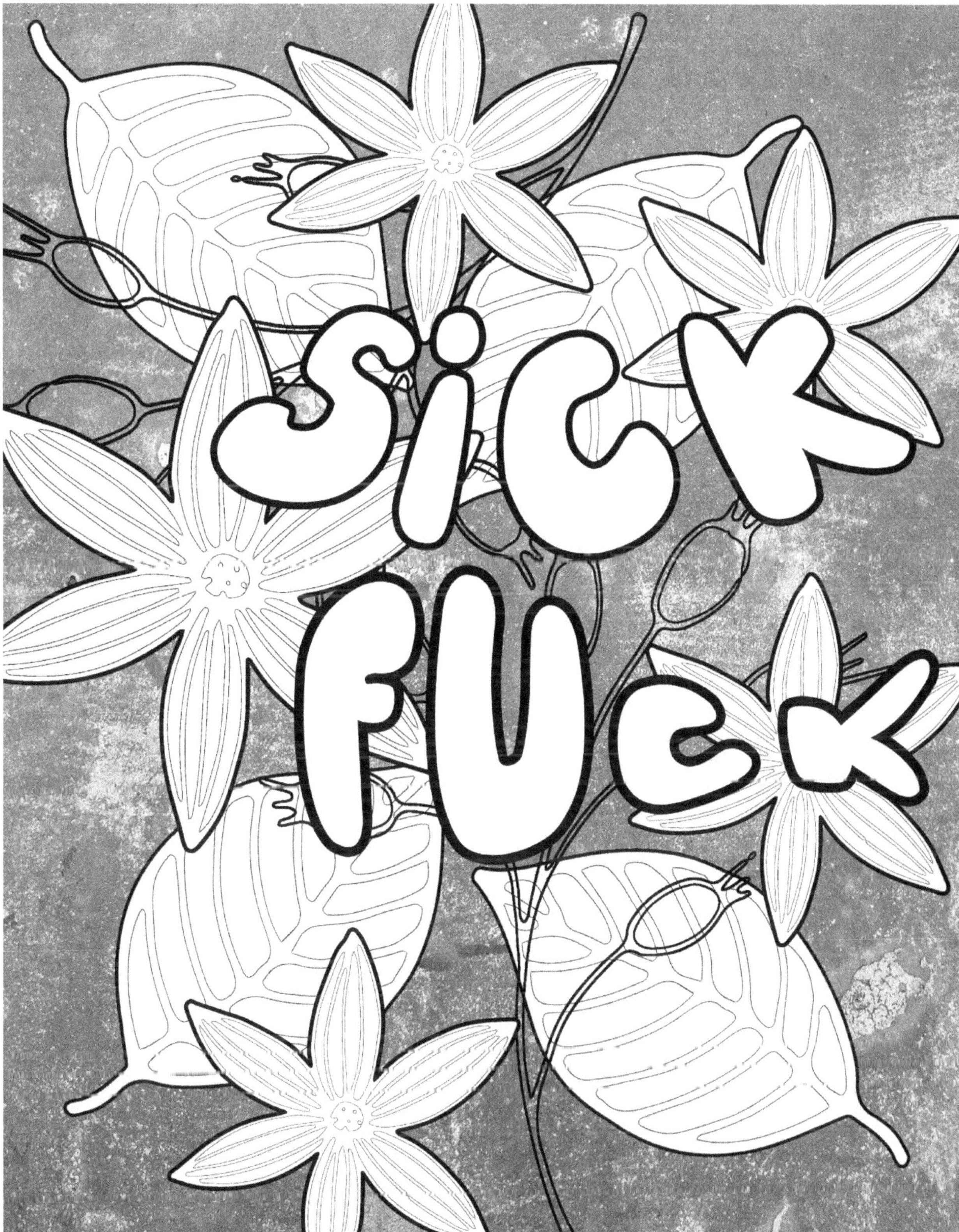
SiCK
FUcK

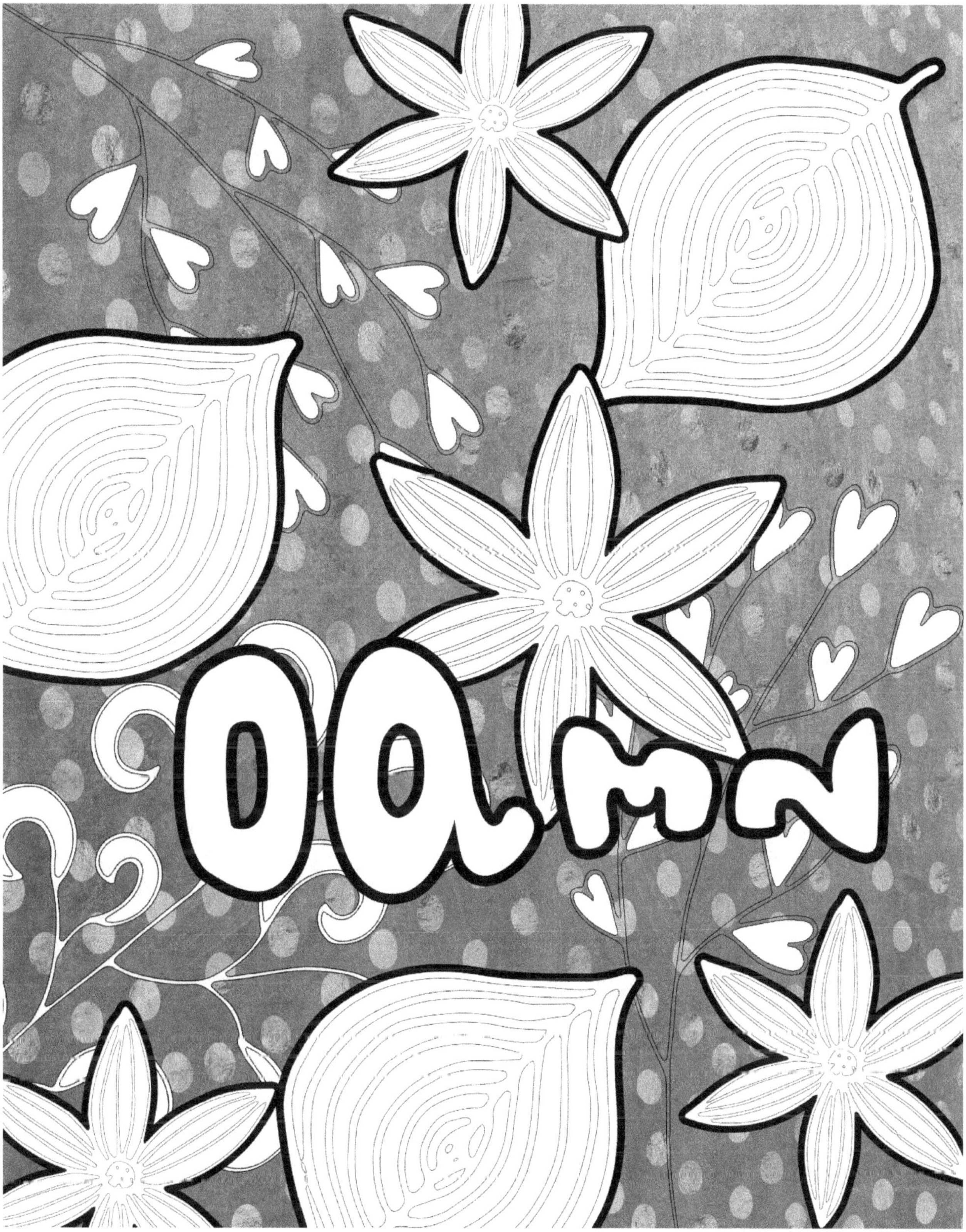
Damn

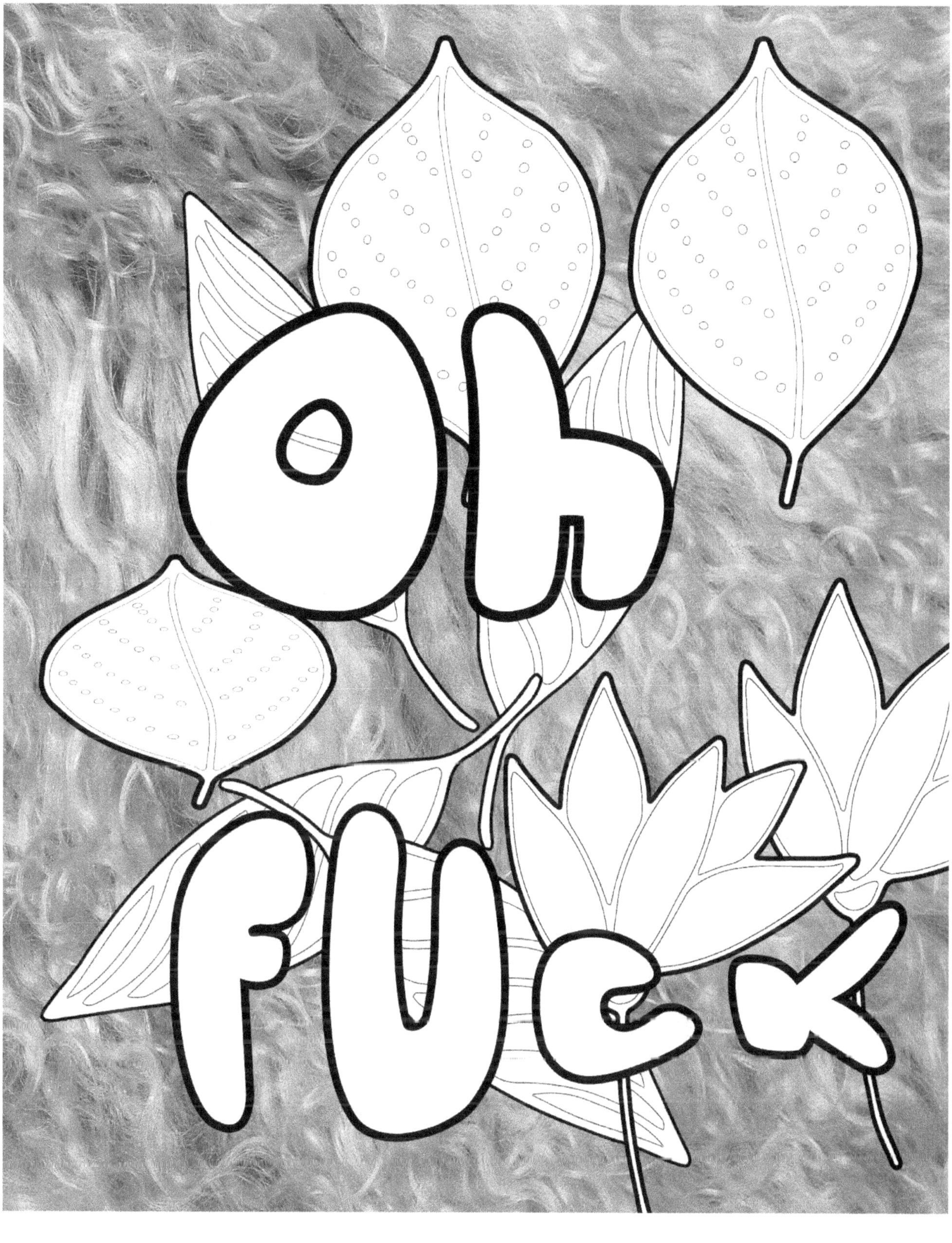
Oh
Fuck

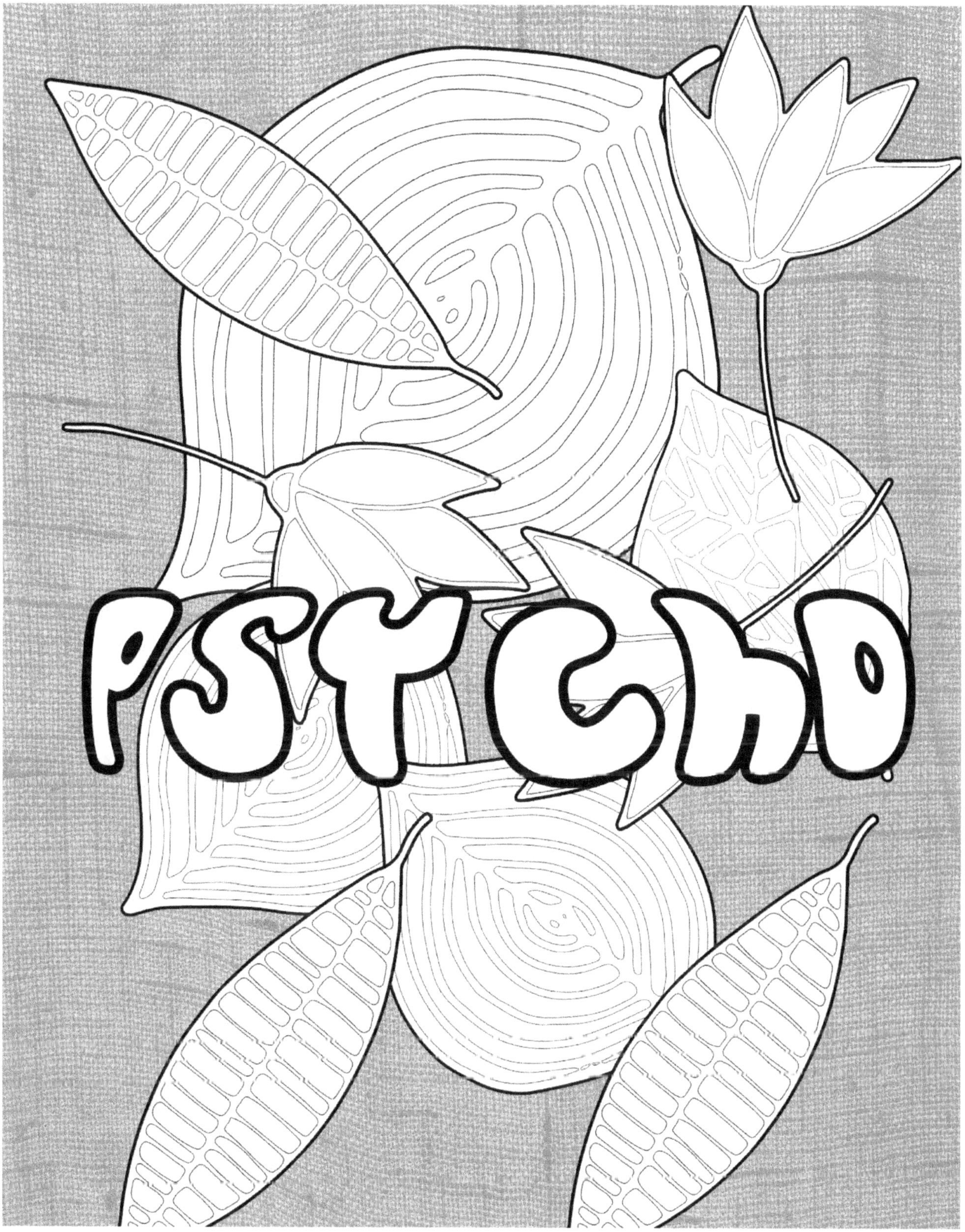
PSYCHO

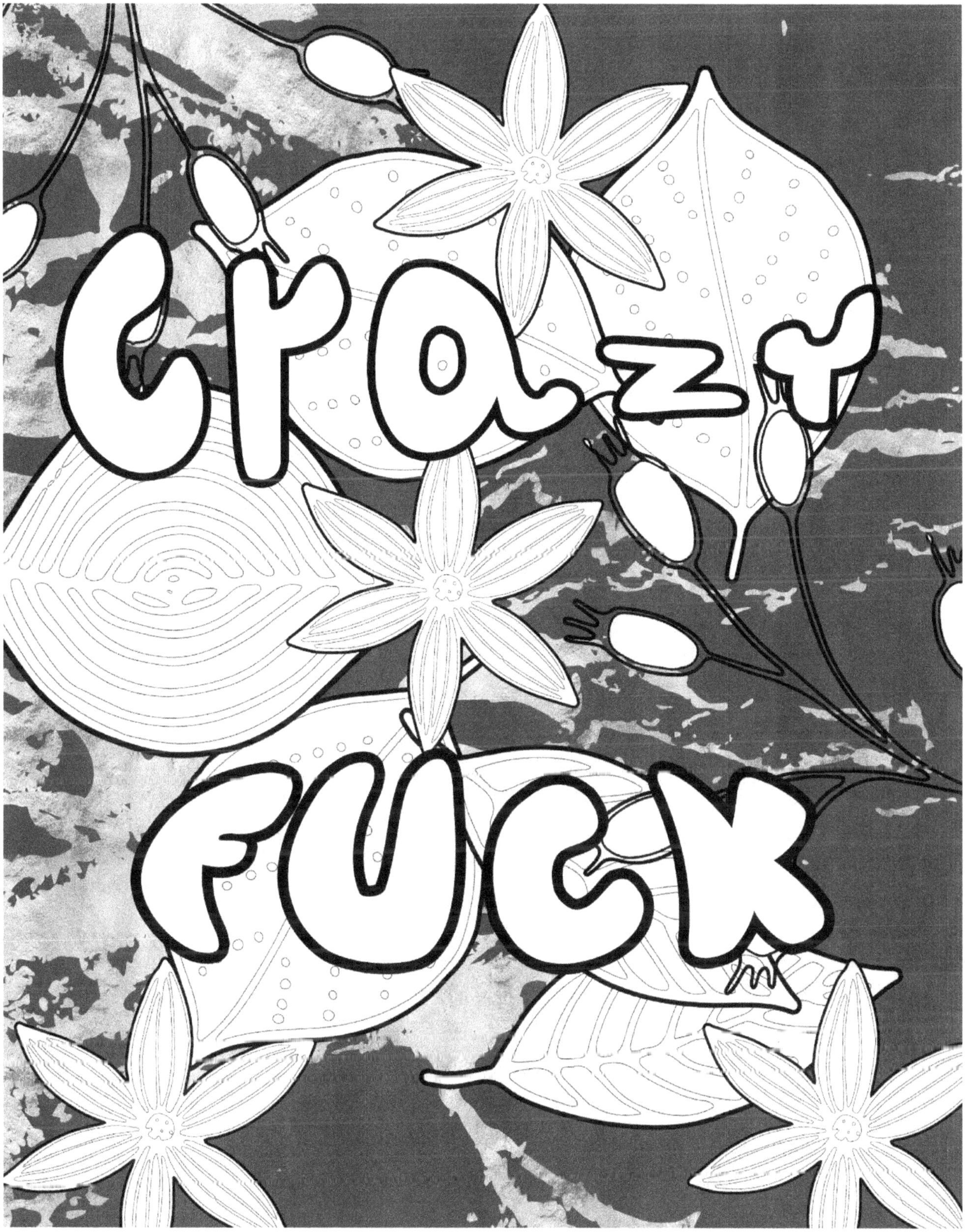
Crazy
FUCK

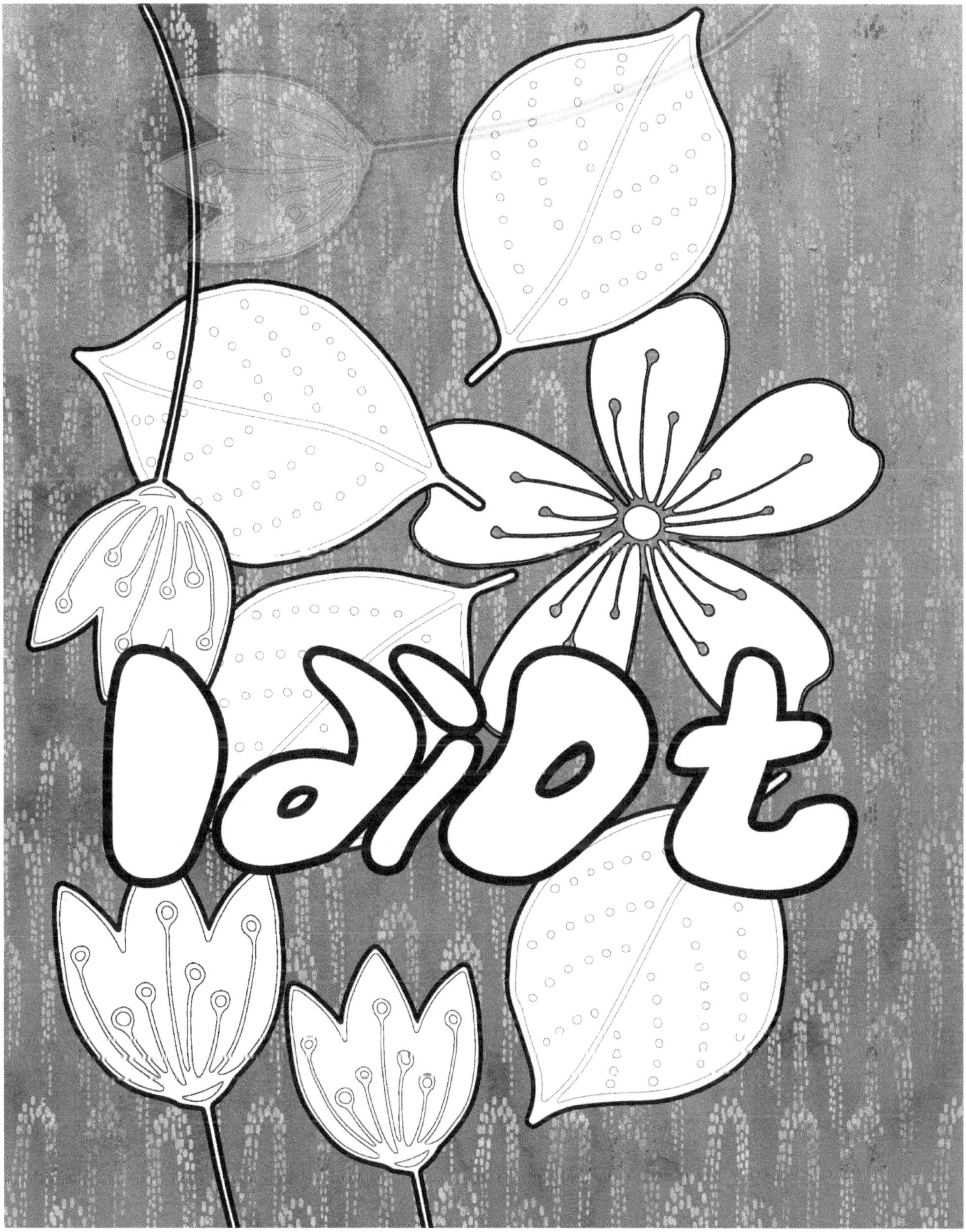
Idiot

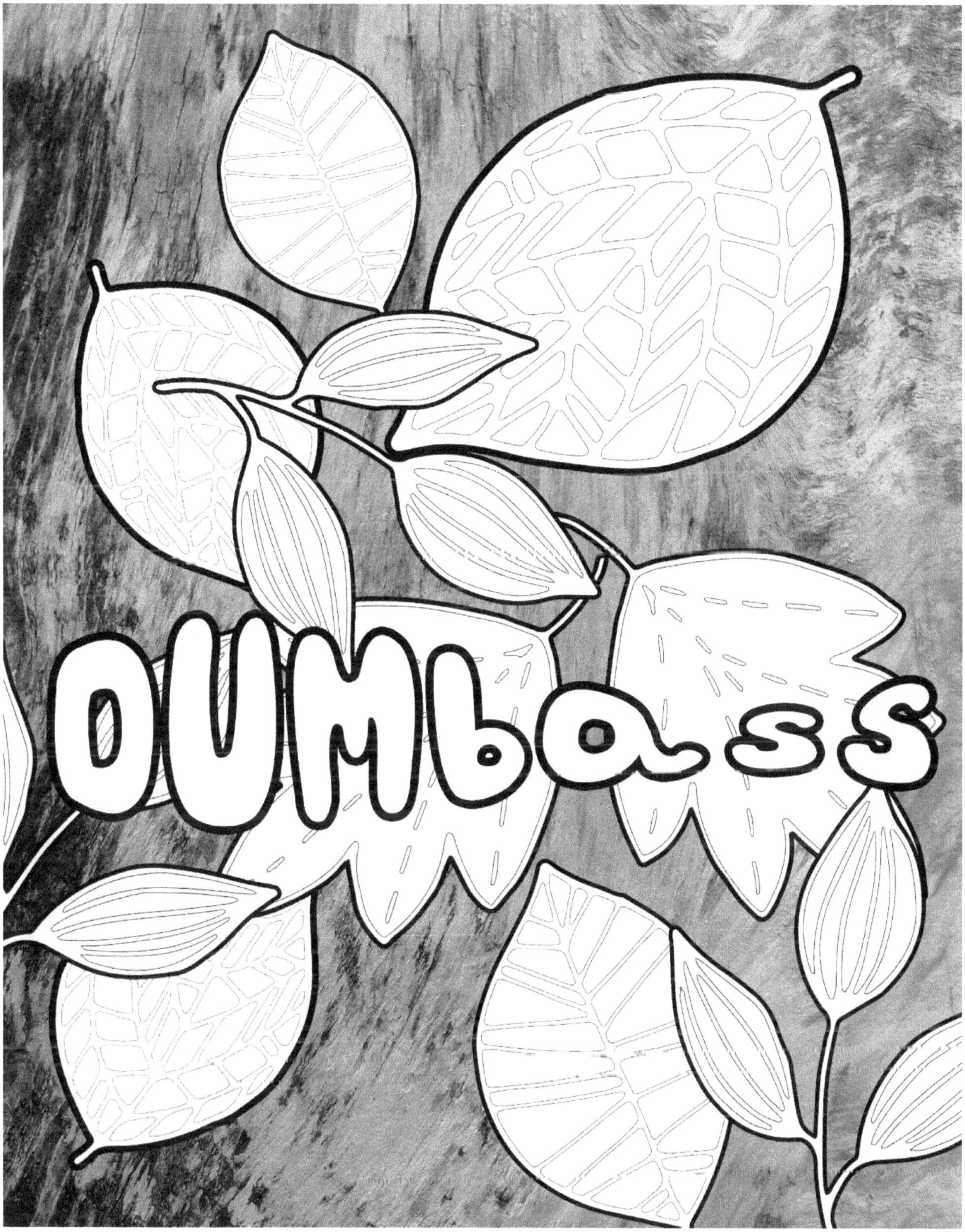
DUMbass

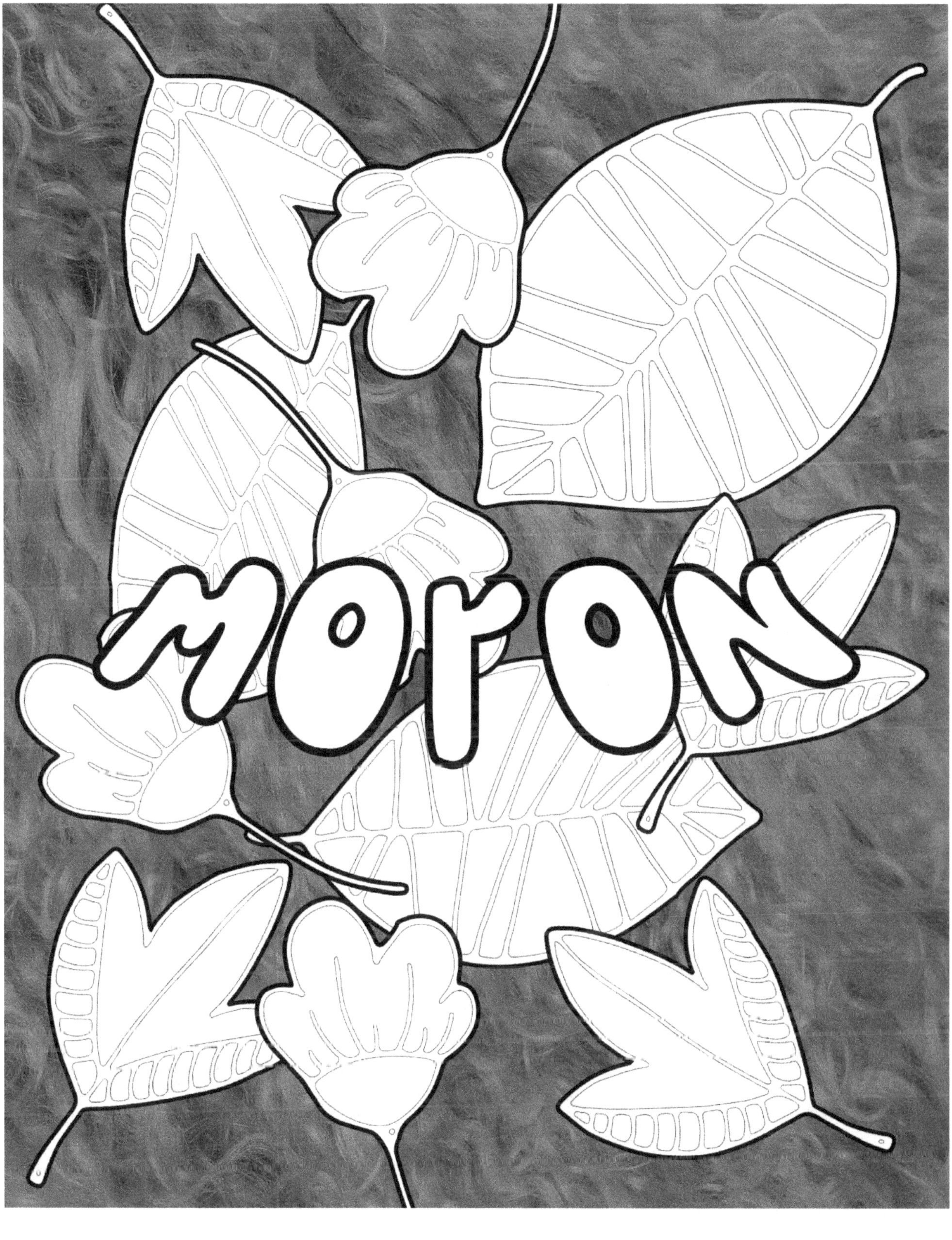
MORON

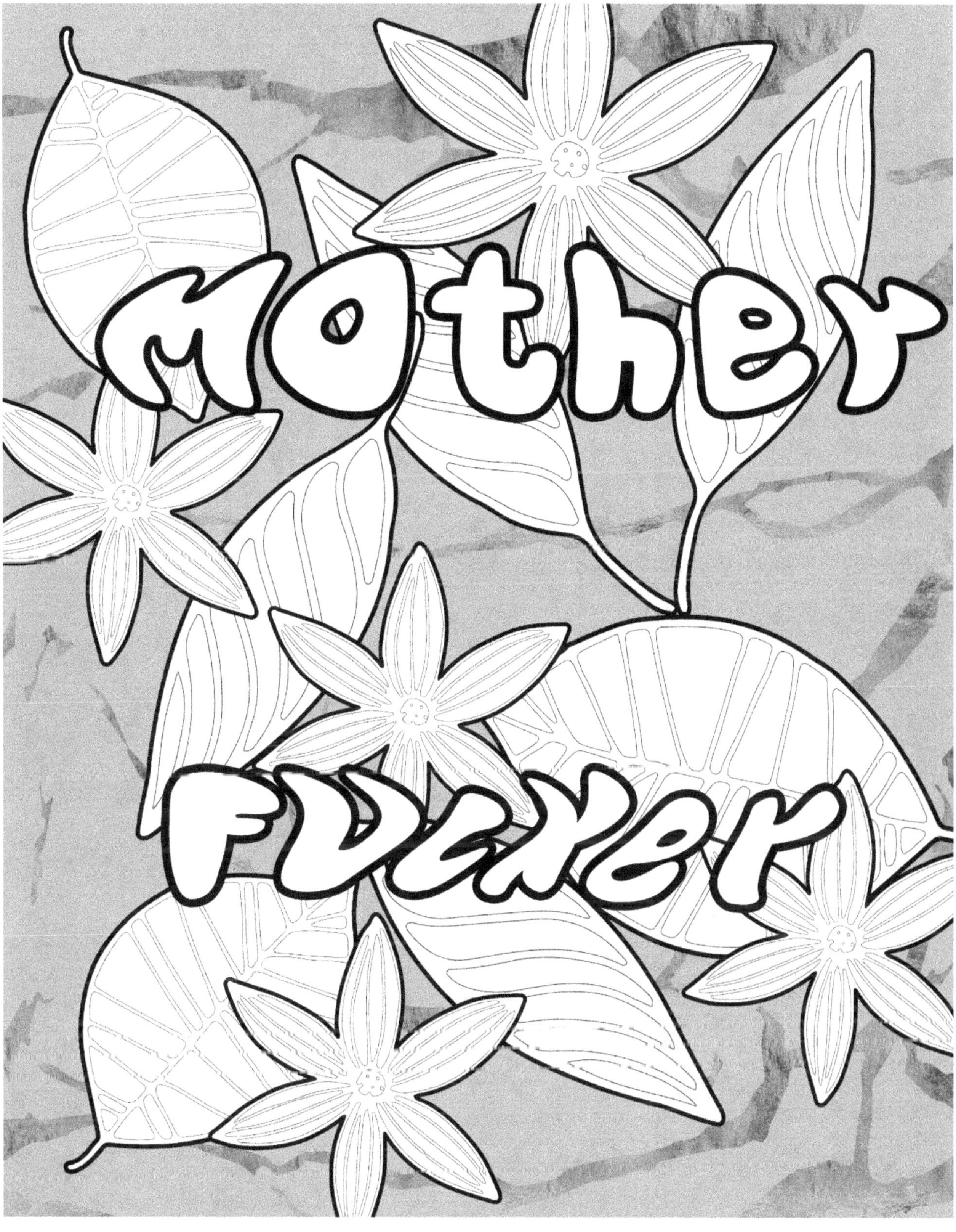
Mother
Fucker

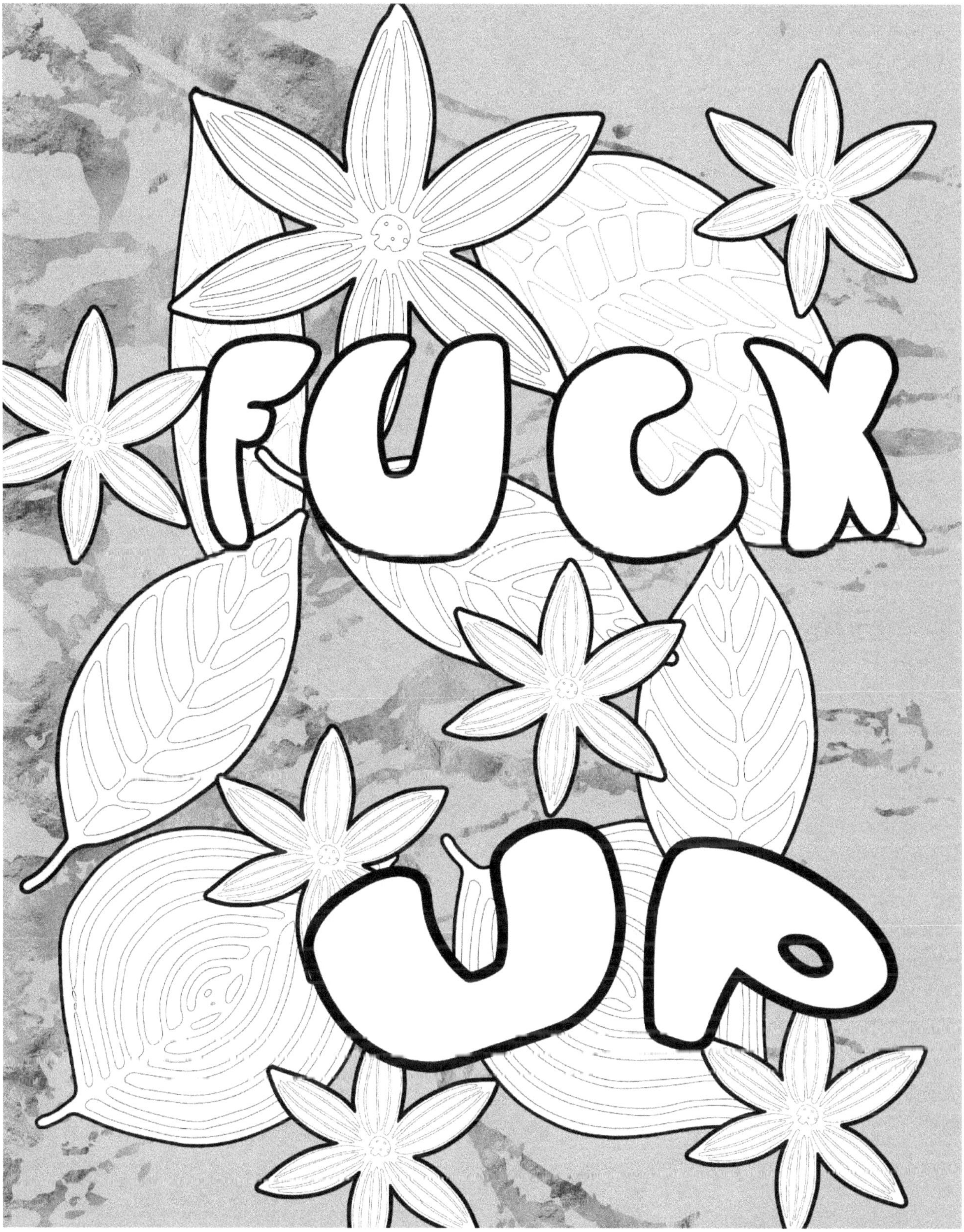
FUCK
UP

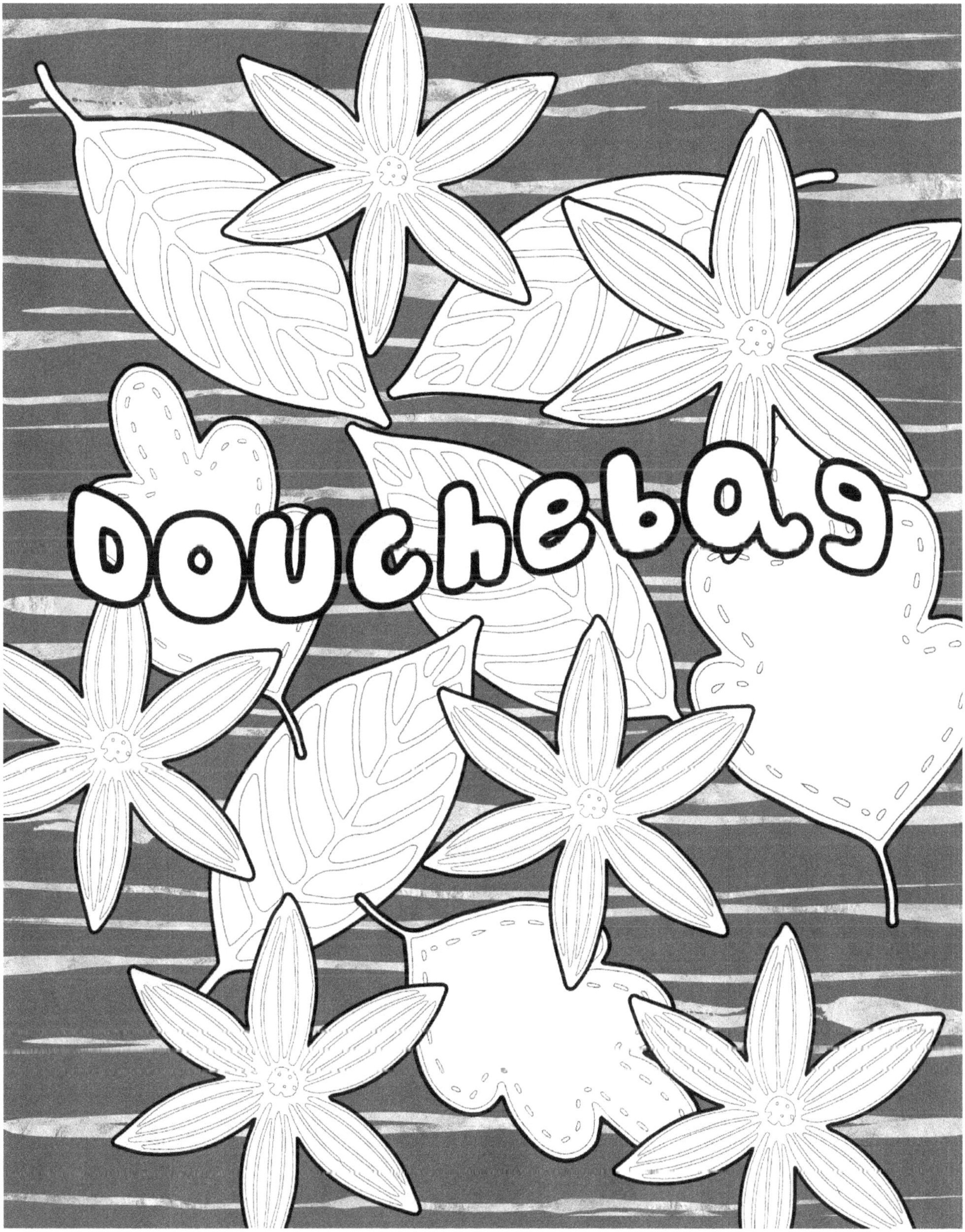
Douchebag

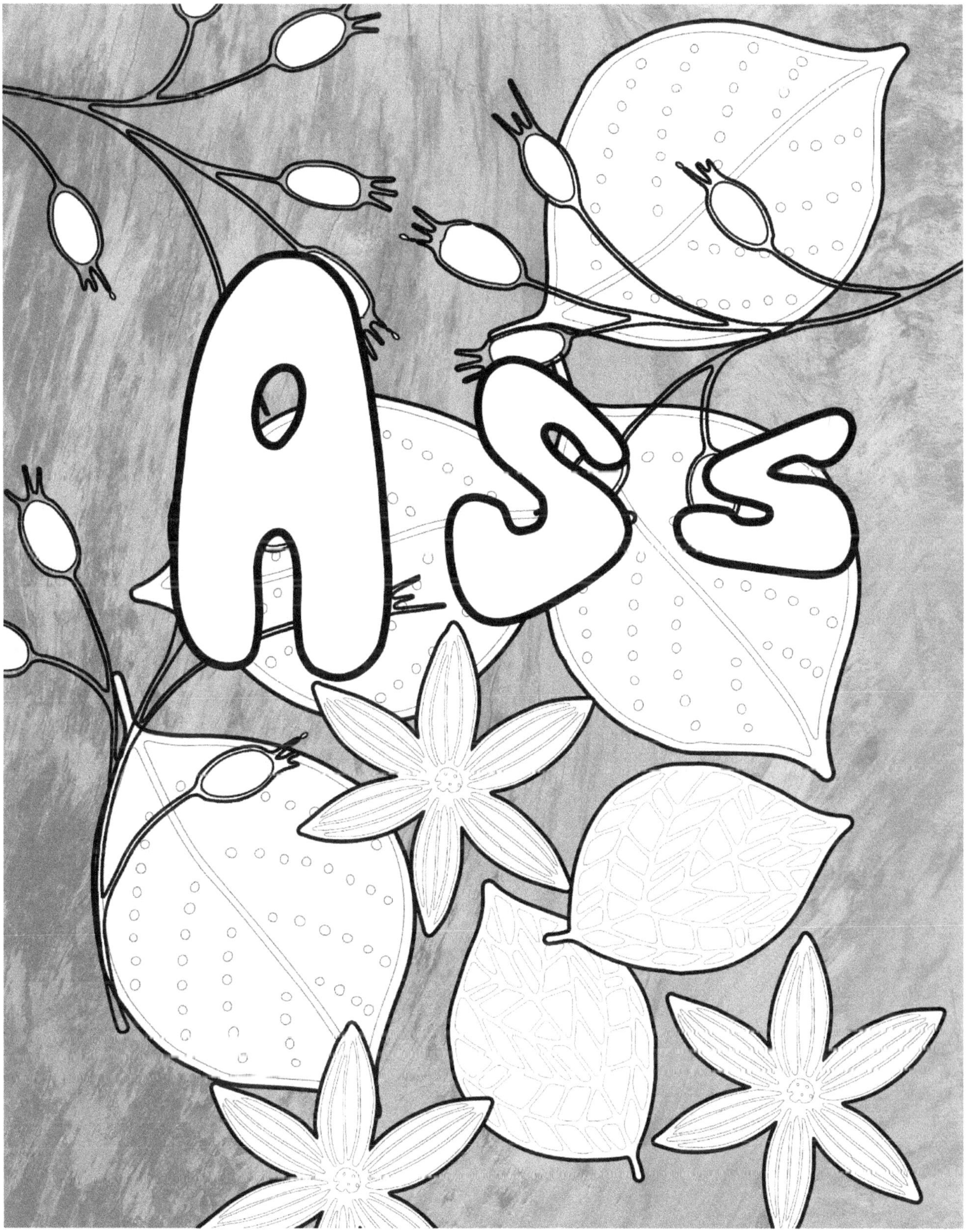
ASS

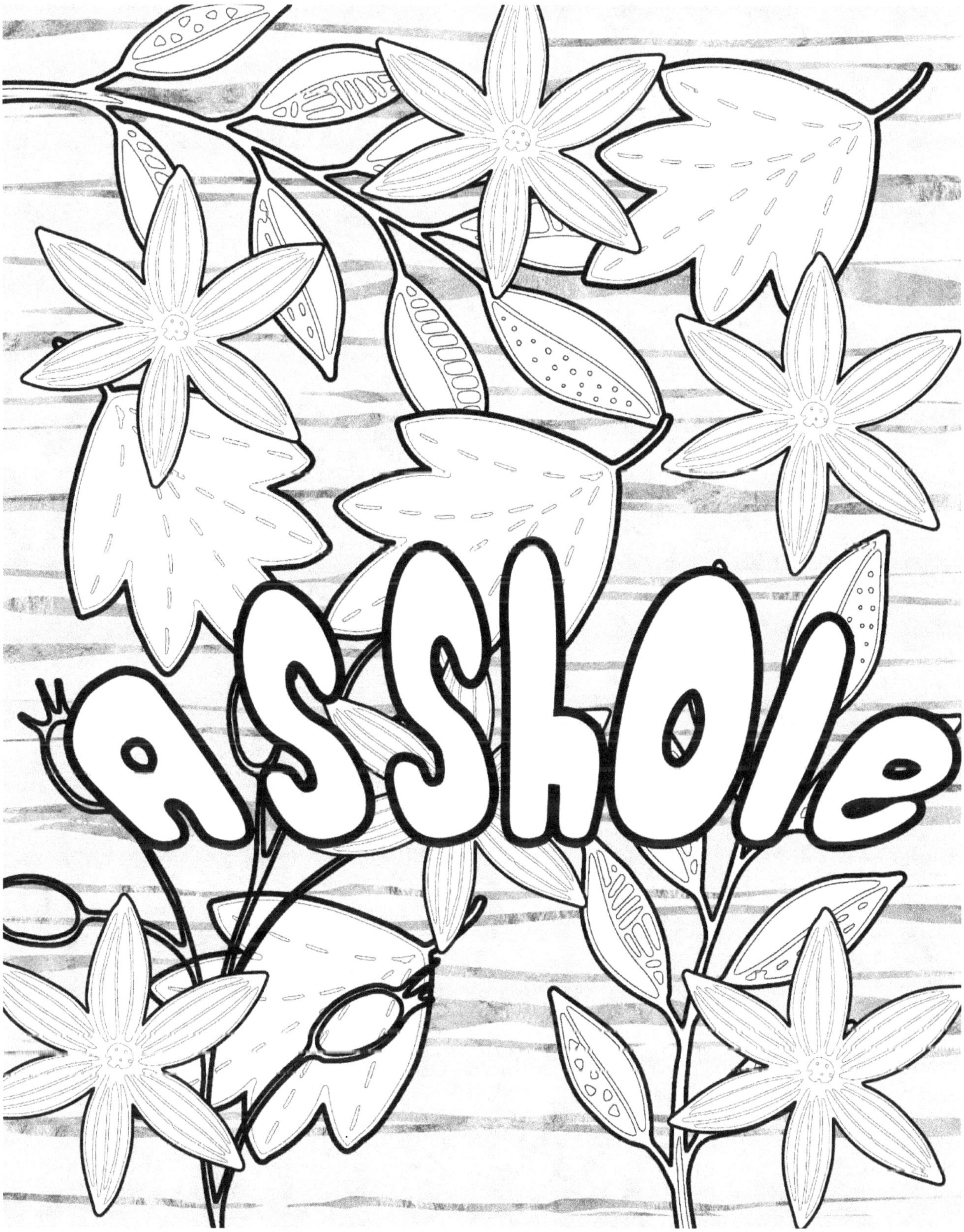
asshole

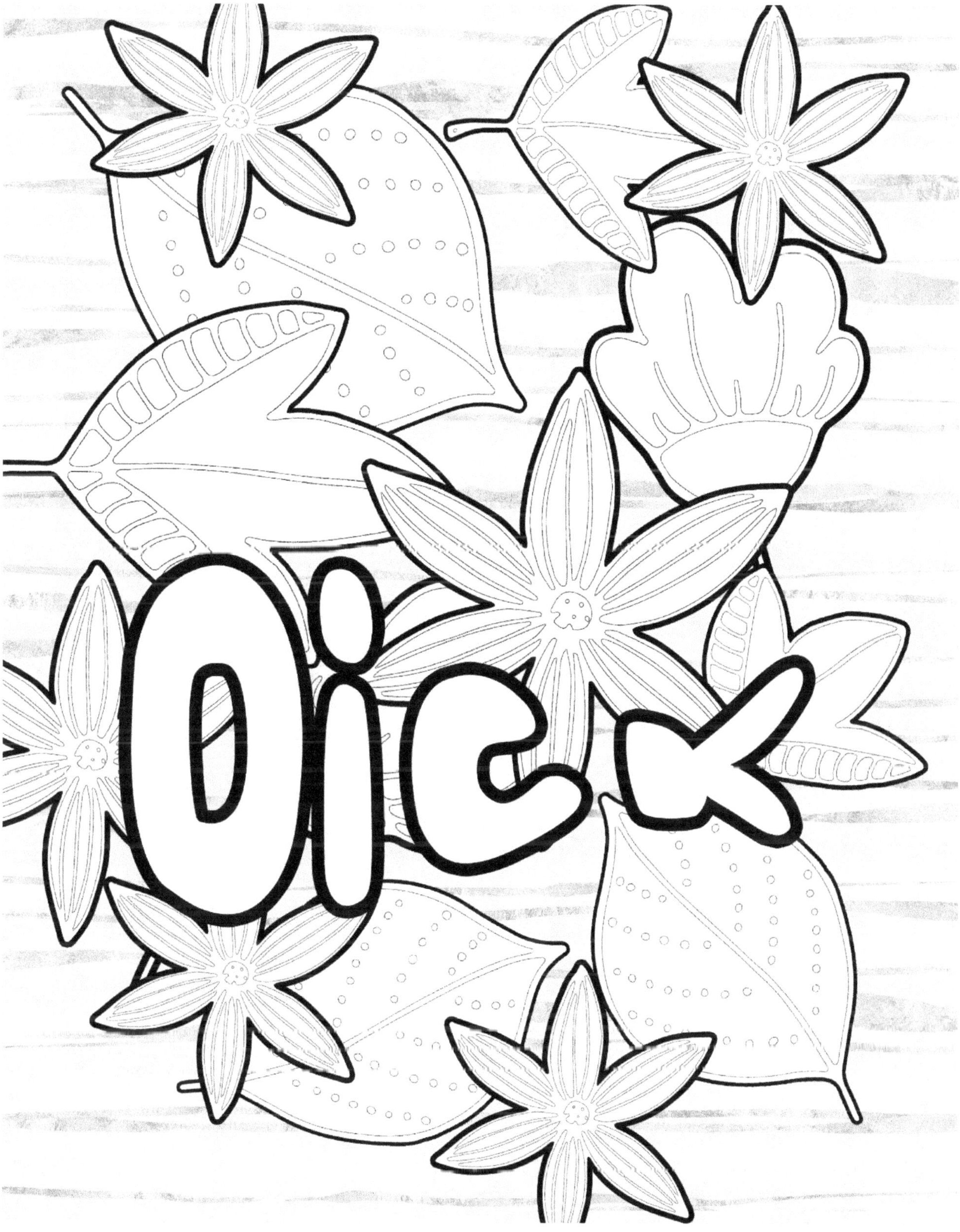
Dick

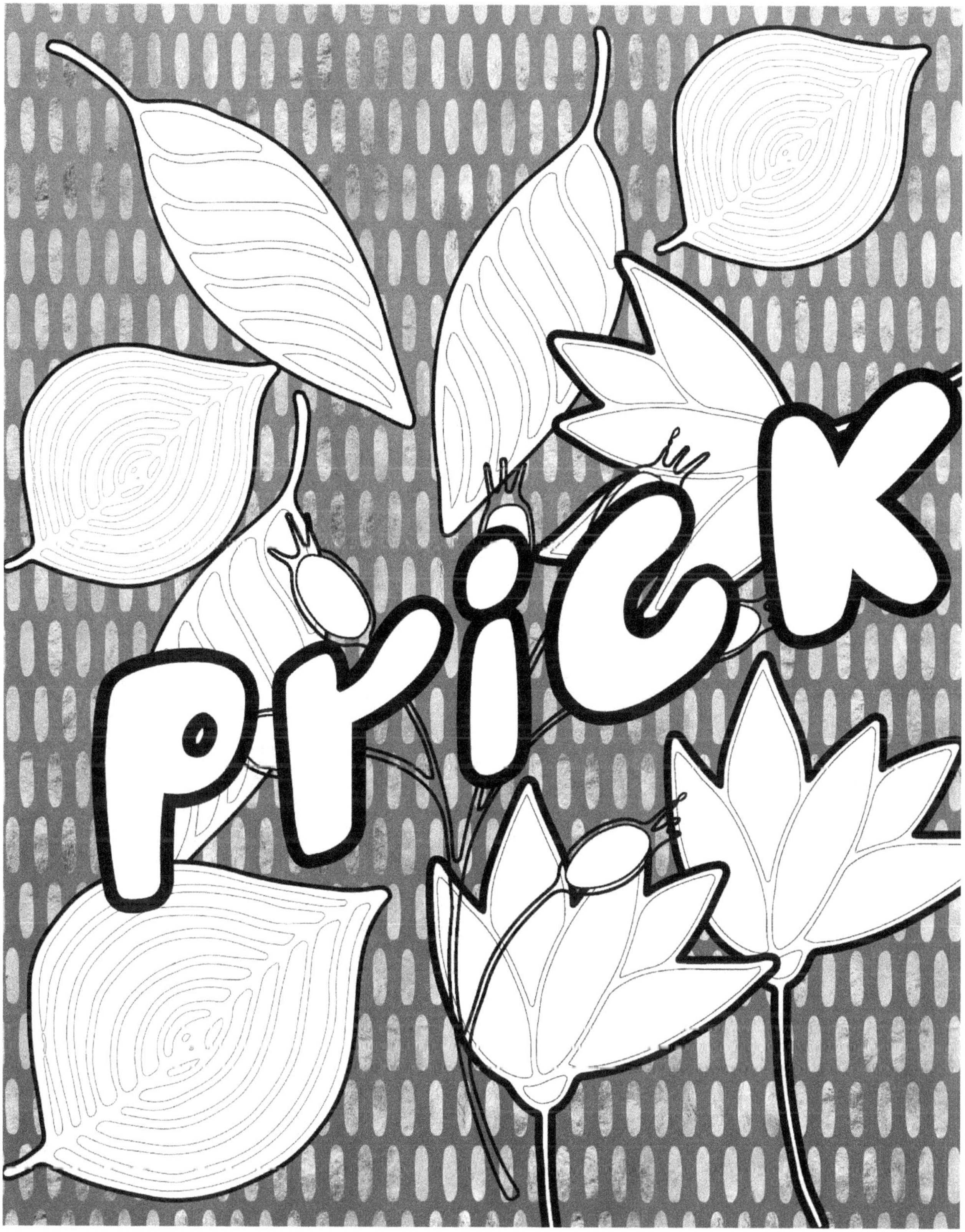
prick

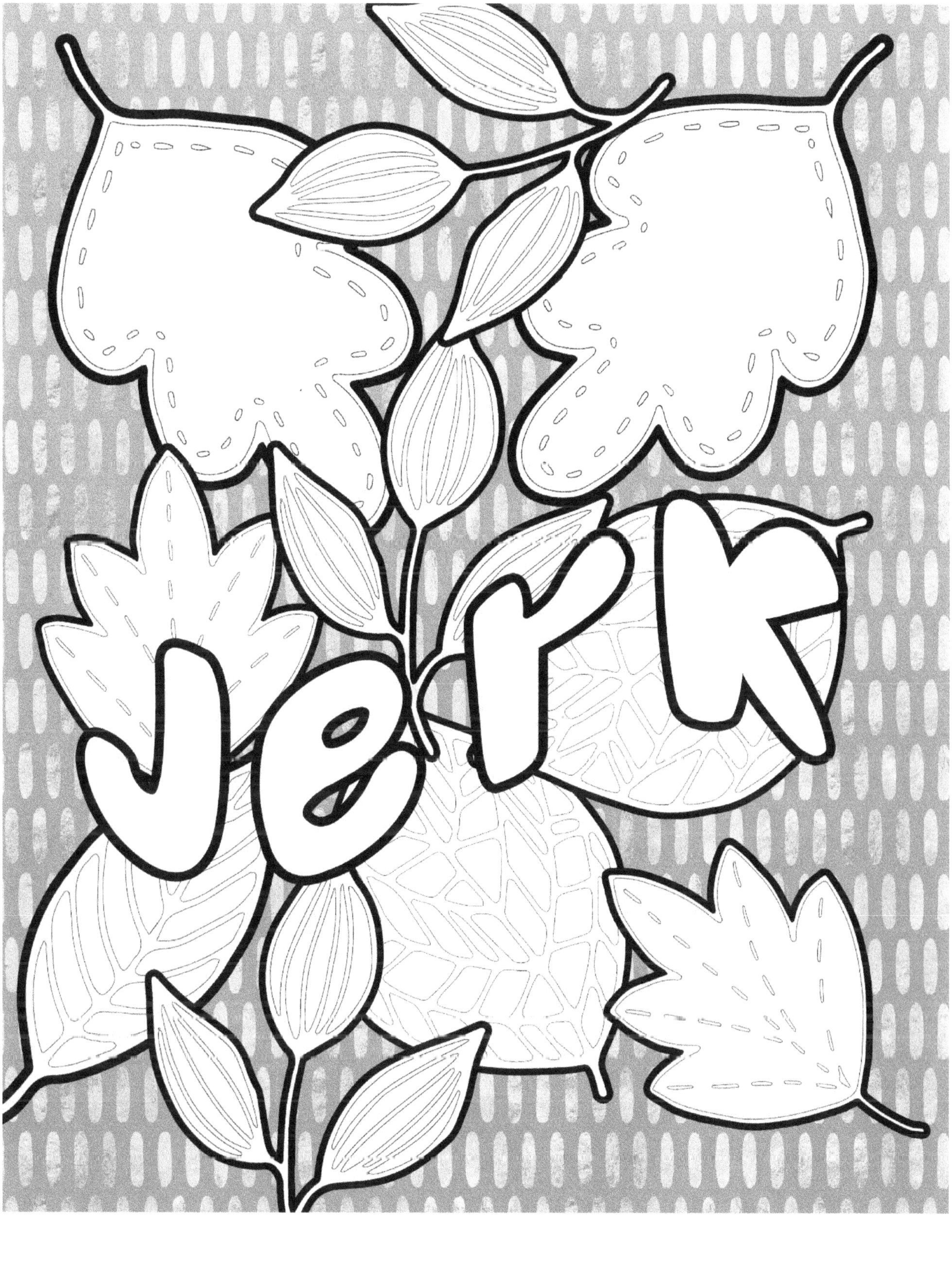
Jerk

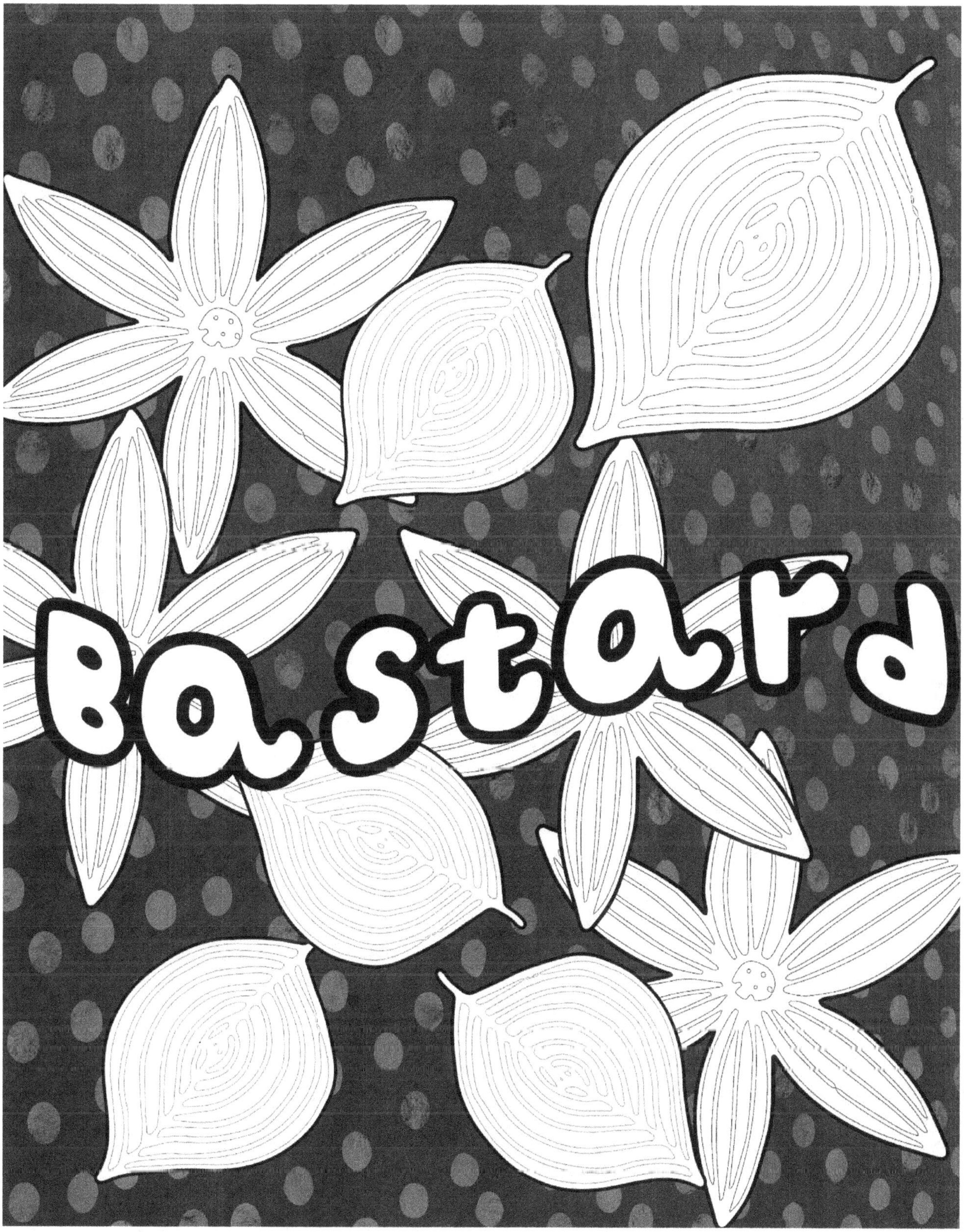
Bastard

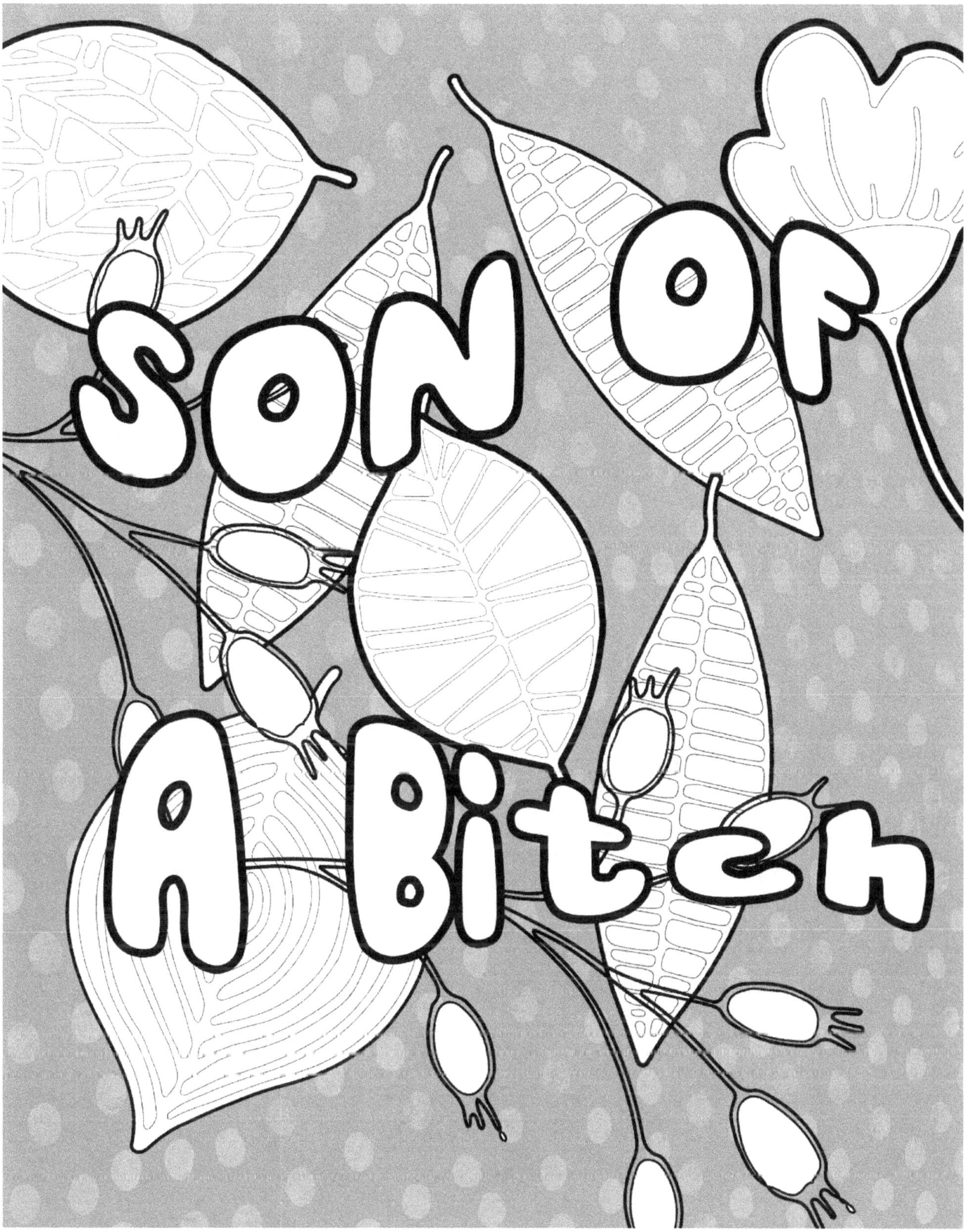
SON OF
A BITCH

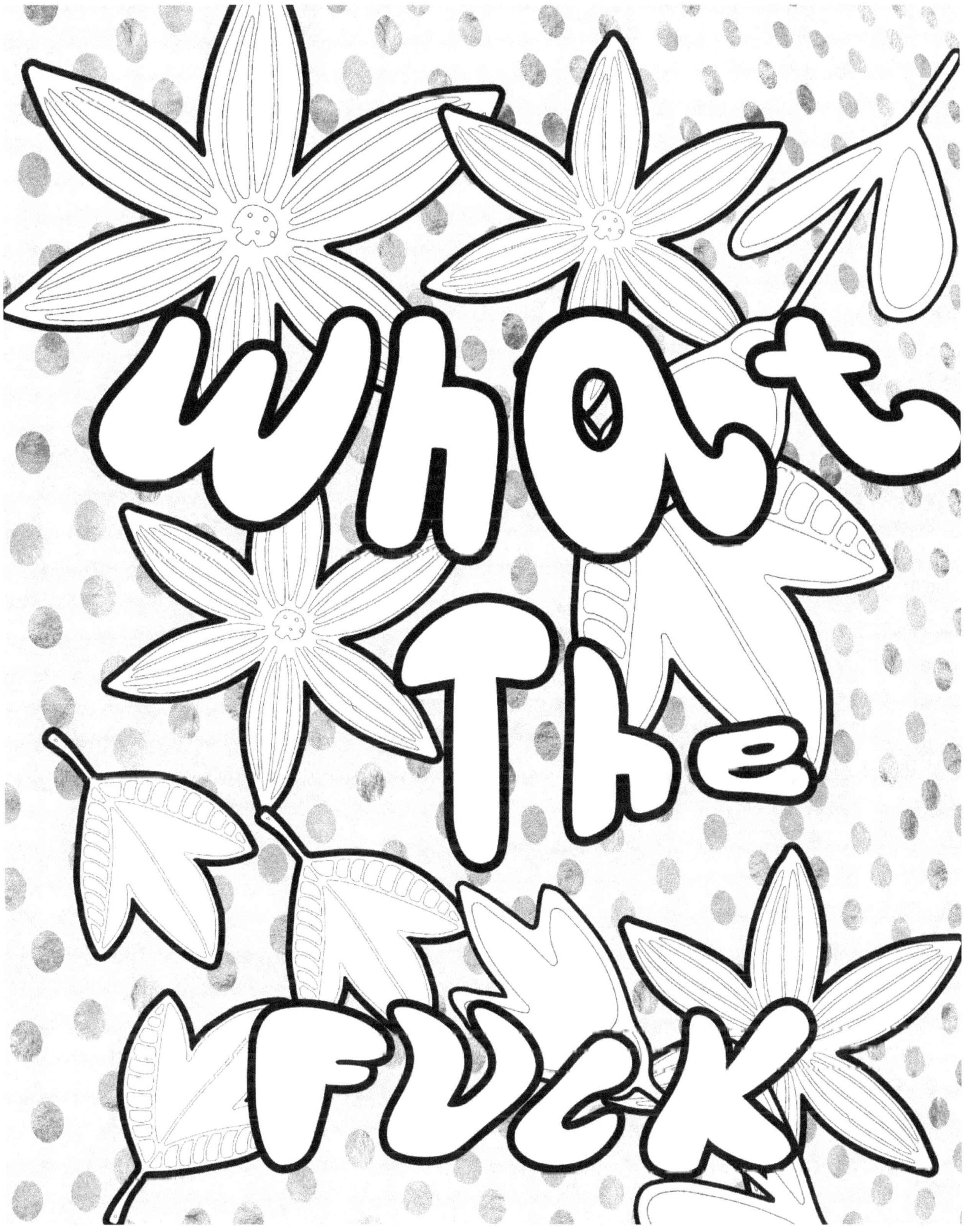
What
The
FUCK

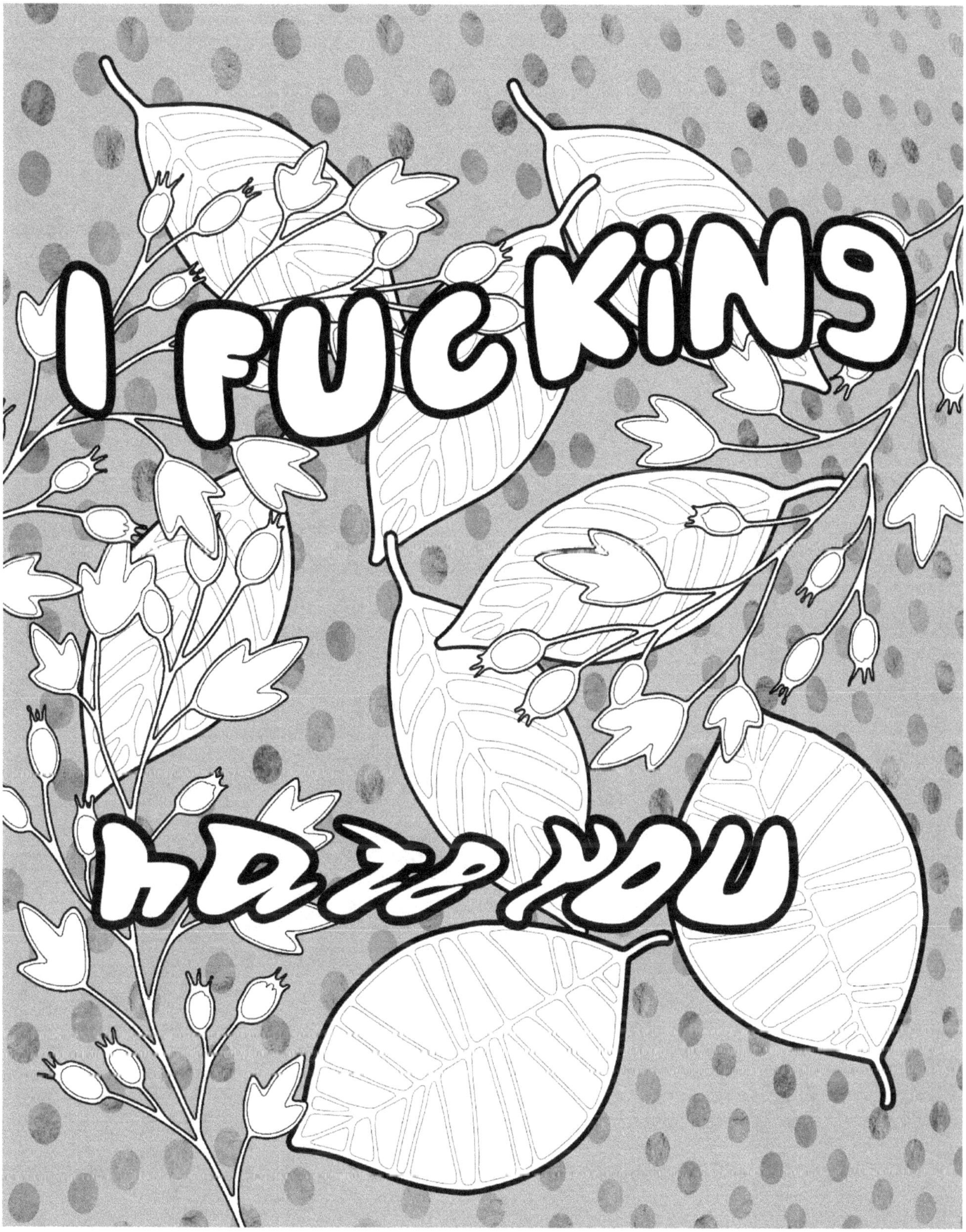
I FUCKING
HATE YOU

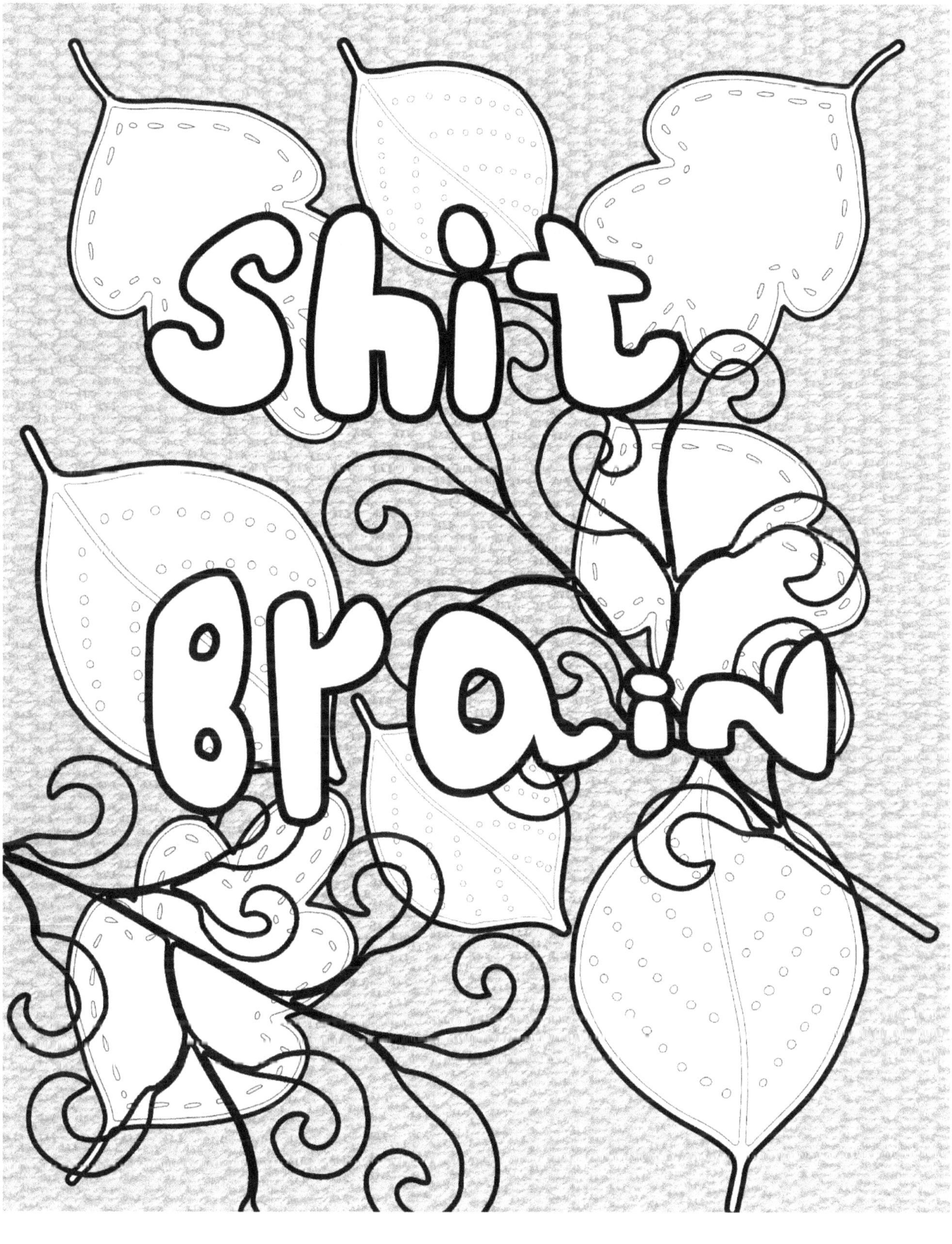
Shit
Brain

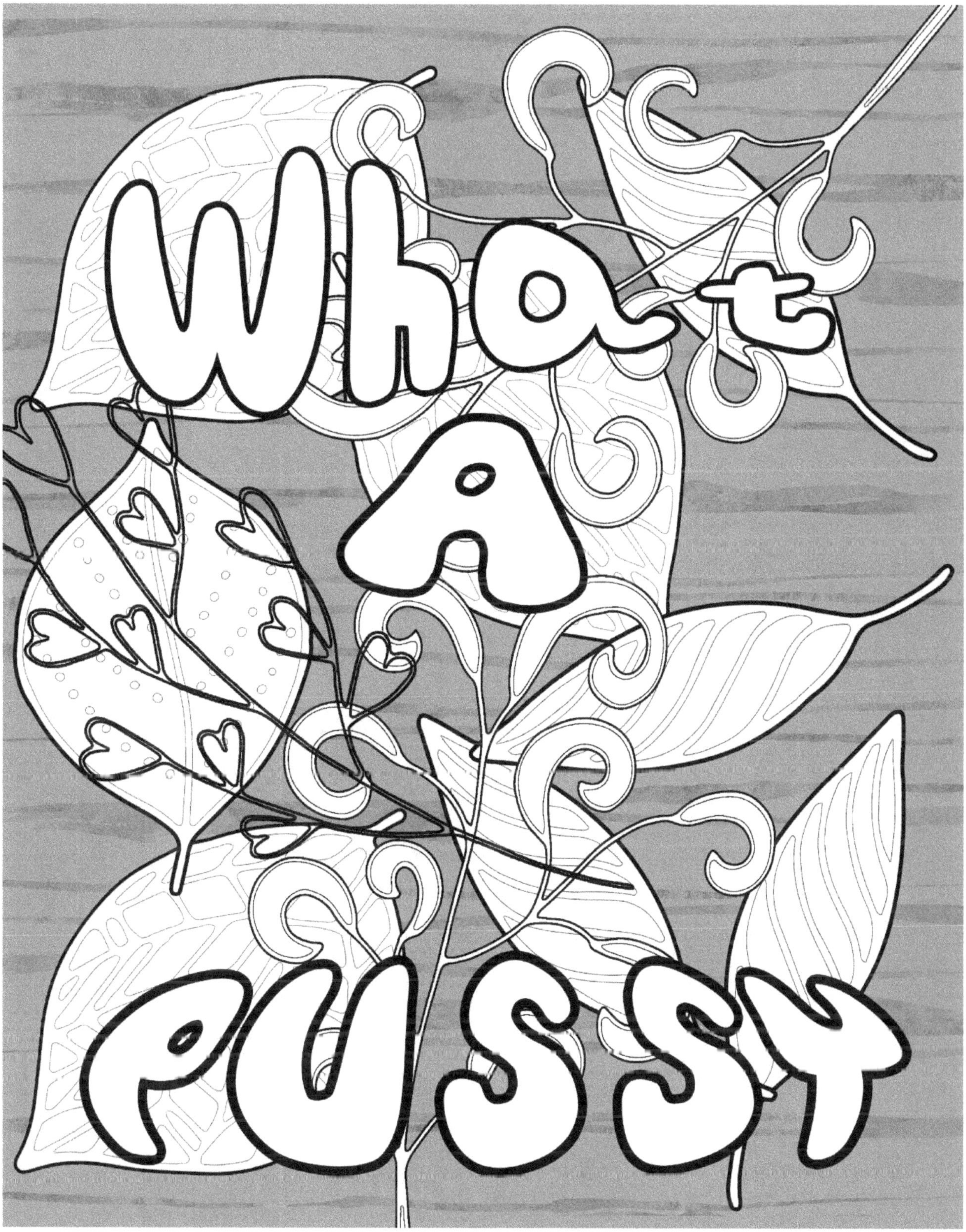
What
A
Pussy

Note

www.ingramcontent.com/pod-product-compliance
Lightning Source LLC
Chambersburg PA
CBHW081119180526
45170CB00008B/2919
9781539799108